南鹿 编

沈阳出版发行集团
沈 阳 出 版 社

图书在版编目（CIP）数据

宴道 / 南鹿编. -- 沈阳 : 沈阳出版社, 2025. 8.

ISBN 978-7-5716-5144-2

Ⅰ. K892.26

中国国家版本馆 CIP 数据核字第 2025QZ8870 号

出版发行：沈阳出版发行集团|沈阳出版社

（地址：沈阳市沈河区南翰林路10号　邮编：110011）

网　　址：http://www.sycbs.com

印　　刷：咸宁市国宾印务有限公司

幅面尺寸：145 mm × 210 mm

印　　张：7.5

字　　数：133千字

出版时间：2025年8月第1版

印刷时间：2025年8月第1次印刷

特约策划：张芮宁

责任编辑：张芳芳

装帧设计：标点视界设计工作室

责任校对：孙鸿宇

责任监印：杨　旭

书　　号：ISBN 978-7-5716-5144-2

定　　价：49.80元

联系电话：024-24112447　024-62564939

E - mail：sy24112447@163.com

目录

第一章 宴会礼仪与规则

第二章 酒桌礼仪与规矩

第三章

祝酒词

传统佳节篇

人生嘉礼篇

商务社交篇

人际欢聚篇

第四章

健康饮酒指南

第五章

流动的酒文化

第一章 宴会礼仪与规则

掌握正确的落座技巧

提及参与宴会之事，很多人并不陌生。不同于影视剧中那般奢华的场景——伴随着古典钢琴的悠扬旋律，身着笔挺西装的绅士与打扮得珠光宝气的淑女谈笑风生……我们日常生活中参加的宴会实则较为朴实。无论是亲朋好友的婚宴、亲戚家孩子的满月酒，还是部门同事的年终小聚，乃至大公司的年会晚宴，皆可称之为宴会。参与宴会，自然免不了要“对号入座”。然而，在现实生活中，我们赴宴入座并非见空位就自行坐下那么简单。面对庞大的餐桌、众多的亲友长辈，或是尚不熟悉的公司领导，如何恰当入座，实乃一门深奥的学问。不过，大家亦无需过分忧虑，以下几招，定能助你在各类宴会场合中优雅落座。

第一招 **融入熟人圈**

入场后，不必急于落座，先开启你的“雷达”，迅速扫视全场，找到你熟悉的人，同龄人最好。在熟悉的同龄人身边，你大可放松，只需要保持微笑，安然入座，就可以和身边的人开启愉快的聊天了。倘若不幸全场无熟识之人，不要慌，第二招和第三招可助你正确落座。

第二招 尚左尊东，面门为上

“虚左以待”的故事耳熟能详，酒席宴会中以左为尊的理念自古流传，深入人心。因此，在传统的家庭聚会、中式婚宴等场合，只要遵循“尚左尊东，面门为上”这一原则即可。

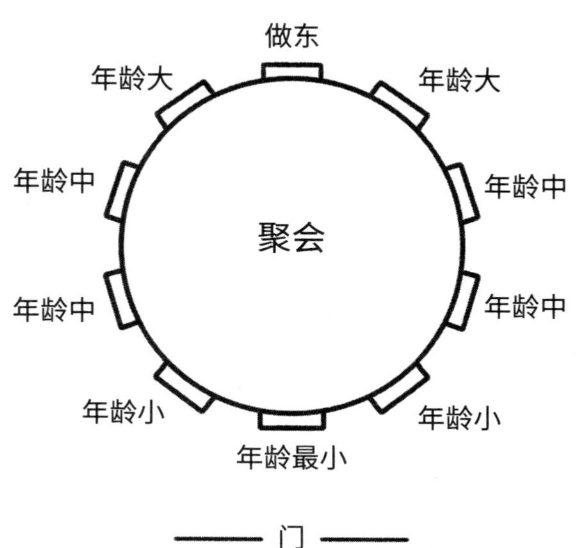

面朝大门的位置是主位，离主位越近越尊贵，具体位置还需根据八仙桌或圆桌的位置来确定。在家庭聚会中，辈分最高或者年龄最长者坐在主位，其他人则按照辈分高低、年龄大小一左一右依次排列。除此之外，座位的安排还应该考虑到家庭成员之间的关系和亲近程度。谨记以上入座原则，遇到注重礼节的宴会，你便可从容应对，不仅能保证自己落座合理，还能礼貌引导他人，如帮长辈拉开椅子，说一声“您是长辈，您坐主座”，定能赢得礼仪周全之赞誉。

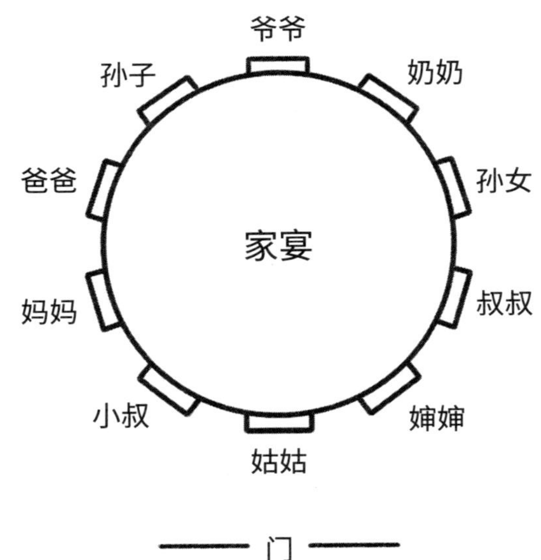

第三招 国际惯例，以右为尊

现代商务及国际交往中，为了方便沟通和服务，大多遵循“以右为尊”的国际惯例。在多边国际会议宴会上，各国代表也会按此原则，并结合实际因素从右向左依次安排座位。

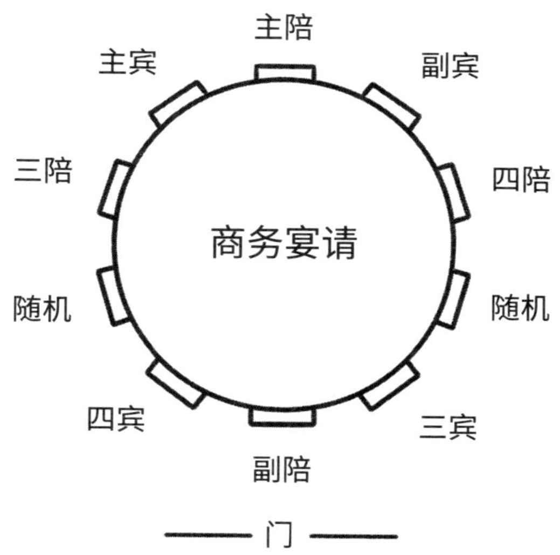

身为职场人员，在商务宴请场合，须牢记“商场如战场”，座次不当可能招致领导不满。主位自然是老板专属，若无老板在场，则应让职位最高者落座，切不可盲目占据尊位。主宾位，即主位右侧，专为重要客户预留。其余座位，大家可以按职位高低依次排列入座，若是初入职场的新人，应低调地坐在外侧或下手位，以便观察全局，服务大家，给领导留下一个好的印象。

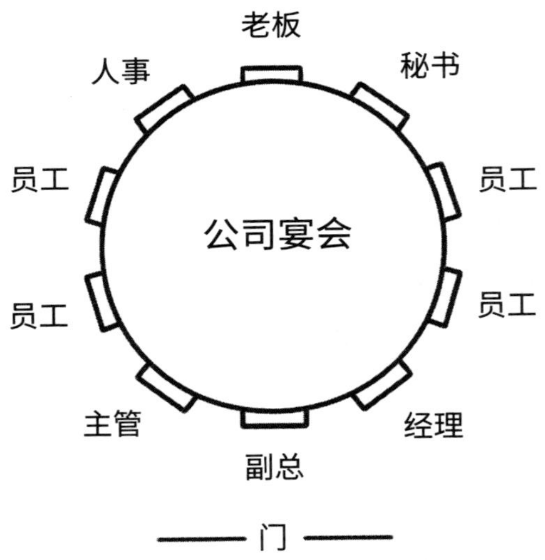

总之，掌握以上三招入座技巧，将助你赢得宴会之道，化解无所适从的尴尬局面。

菜单使用手册

点菜，看似简单，实则蕴含着深厚的学问。尤其在不同的聚会场合，如何巧妙使用菜单，展现点单技巧是一门重要课题，对选择困难症者更是挑战。本节将教你如何正确点菜，成为社交场合的点菜高手。

一、点菜归属权

家庭聚会：常由长辈或者熟悉大家口味的家庭成员负责点菜，晚辈可以适当提出建议，打破家庭“大家长”所营造的严肃氛围，让家庭聚会变得其乐融融。当然，也有一些长辈怕麻烦，或者不习惯干这些事，这时，年轻人就要担起点菜重任了。如果这项任务落到了你的头上，不要一味地推诿，大方接过菜单点菜便是。

商务宴请：一般由东道主主导，饭桌上，领导也会礼貌邀请客人再看看菜单，增添几道菜品，显示对客人的尊重。如遇到领导问你："小 ×，你是本地人，你有什么推荐的菜吗？"此时，可展现本地人优势，推荐特色菜，提升存在感。

朋友或者同事聚会：可以共同参与点菜，活跃气氛。人多时，可以一人点几道，丰富菜品；人少时，可以提供选择，民主决策。当然，如果朋友或者同事中有熟悉这家餐厅，或对美食小有研究的人，那么点菜这件事就可以全权交给这个人。如果承担了点菜任务，那么点菜时要注意尽量兼顾每个人的口味，选择大家喜爱的家常菜和特色菜，降低试错的风险，保证每个人都吃得满意，享受轻松愉快的聚会时光。

二、点菜礼仪

在明确了菜单归属权之后，我们便进入了点菜环节。但点菜并非随意为之，它更像是一种策略布局。菜品的选择直接关系到聚会的最终效果，若点菜失误频频，后果不堪设想。因此，点菜前做好充分准备至关重要。

人物攻略：事先了解宾客的饮食禁忌和口味偏好，或在点菜时询问是否有特殊忌口，尤其要注意长辈、领导和客人的需求。在无特殊忌口的情况下，家乡菜和当地特色菜都是不错的选择。（小贴士：记住重要宾客的特殊忌口，能展现你的细心与诚意。）

菜品攻略：在重要场合，提前了解餐厅的菜品能避免临场慌乱。即使没有提前准备，也可以根据菜单上的分类进行选择。特色菜和推荐菜通常是稳妥的选择，也可以轻声询问服务员获取建议。

数量控制：一般来说，菜品的数量要比用餐人数多一到两道，遵循N+1或N+2原则，以保证菜品丰富的种类和足够的分量，但也不宜过多，以免造成浪费。

搭配合理：正规的饭局讲究荤素、凉热、咸甜以及主食的合理搭配。一般来说，荤菜和素菜的比例在7：3左右为宜，

这样的搭配有肉类、新鲜时蔬和饭后甜点，既可以满足不同人的口味，又符合健康饮食的理念。

上菜顺序：按照中国人的宴会饮食习惯，一般先上凉菜，再上硬菜、热菜、汤品，最后是主食和下饭菜，以饭后甜品收尾。这样的顺序既可以让用餐过程层次分明，也可以充分满足宾客们的口腹之欲。

酒水搭配指南

好菜当配好酒，美食与美酒相得益彰，才能最大限度地唤醒味蕾，演绎舌尖上的艺术。民间常有“白酒配白肉，红酒配红肉”的说法，这里的红酒一般是指葡萄酒。但在中国，葡萄酒可算不上主角，因为我们有丰富多样的酒的品类可供选择。那么，在宴会中，我们如何巧妙搭配酒水与菜肴，让美味更上一层楼，从而提升大家的用餐体验呢？

一、白酒搭配指南

说起中国人餐桌上的“酒中头牌”，白酒当仁不让。不管是其乐融融的节庆聚餐，还是正式隆重的商务宴请，都少不了它的身影。白酒如何搭配，想必大家一定略知一二。“花生米下酒，越过越富有”“一口毛豆一口酒，快乐的日子天天有”，像花生米、毛豆、卤菜、酱牛肉等下酒小菜已经是我们酒桌上的老朋友了，自然不必多说。除此之外，白酒与硬菜的搭配也颇有讲究。

在白酒中，一般把30~40度的酒划分为低度白酒，50度以上的则是高度白酒。低度白酒适合搭配口味清淡的菜肴，如清蒸鱼、白切鸡等，酒中淡淡的回甘既不会抢走食物本身的口感和风味，也不至于让菜品的味道盖过酒的香气。高度白酒则更适合搭配重口味菜肴，它不仅能中和菜品的油腻和重口，还能增强菜品风味。

白酒根据香型又可划分为浓香、酱香、清香等多种类型，不同香型的白酒也有各自更契合的菜品。浓香型白酒的代表——五粮液，香气浓郁，口感浓烈，适合搭配的菜品有回锅肉、油焖大虾、狮子头、京酱肉丝、酸菜鱼等；酱香型白酒的代表——贵州茅台酒，口感细腻，酱香绵柔，回味悠长，适合搭配

的菜品有西湖醋鱼、龙井虾仁、开水白菜、剁椒鱼头、红烧肉等；清香型白酒的代表——山西汾酒，酒味清香，口感清新淡雅，适合搭配的菜品有白灼大虾、凉拌什锦、素三鲜、虾皮白菜、蒜泥黄瓜等。

二、黄酒搭配指南

黄酒是中国人餐桌上的老朋友了。黄酒的温润口感与中式菜肴，尤其是与炖品和海鲜类菜肴非常匹配。“应倾半熟鹅黄酒，照见新晴水碧天”，闲来无事，约三五好友，温黄酒，赏美景，也是人生一大乐事。

《红楼梦》第三十八回中，在藕香榭的螃蟹宴上，林黛玉拿起“乌银梅花自斟壶”，拣了“海棠冻石蕉叶杯”，自斟自饮，饮的就是黄酒。黄酒的醇厚不仅与螃蟹的鲜美相互搭配，相得益彰，而且黄酒性温，螃蟹性寒，吃蟹时来几杯黄酒，正好起了解蟹寒的作用。此外，黄酒搭配糟货也别有一番风味，薛姨妈留宝、黛二人在梨香院吃晚饭时，就用糟鹅掌鸭信配的黄酒。

三、红酒搭配指南

红酒一般是指红葡萄酒，因为葡萄在发酵过程中，皮中丰富的花青素在酸性环境中发生化学反应，所以红酒呈现出红色。适量饮用红酒，对心血管和消化系统有一定助益，因此，红酒也是餐桌上常见的朋友。

根据“红酒配红肉”的原则，红葡萄酒与牛肉、羊肉等红肉是最佳拍档。当红酒和红肉在口腔中相遇，酒能有效减轻肉的油腻感，还能增加肉的风味。而红肉中的蛋白质能减轻红葡萄酒中由单宁带来的涩感，让酒的口感更柔顺，整体的风味因此变得更加丰富、和谐。所以，在西餐厅，我们会经常见到牛排和红酒的搭配。

四、啤酒搭配指南

在吃一些重油重辣的食物时，我们经常会配上啤酒。众所周知，啤酒泡沫较多，其中的气泡能够有效缓解重口味食物所带来的辛辣和油腻感。所以，啤酒配烧烤、炸鸡等重口味的食物是再合适不过的了。

试问，谁不想在夏日炎炎的晚上，和啤酒、烧烤来一场浪漫的邂逅呢？冰爽的啤酒搭配香气四溢的烤羊肉、烤鸡翅、烤五花、烤茄子……光是想想就让人“口水直流三千尺”了。无疑，啤酒和烧烤堪称最佳拍档，这份荣誉无人质疑。而除了烧烤，炸鸡也是啤酒的绝配。初冬时节，在浪漫氛围中，与好友相聚，一边啃炸鸡，一边畅饮啤酒，仿佛短暂地逃离了日常的忙碌，享受片刻的悠闲与惬意。

五、果酒搭配指南

果酒一般酒精含量较低，适合作为“入门酒”来品尝。偏酸甜口感的果酒像果汁一样，很受部分女性的欢迎。相比高浓度的酒，一些注重养生的中老年人也会选择对他们的身体负担更小的果酒。果酒适用于朋友间的休闲聚会、郊游野餐或情侣约会等场合。

果酒的酒精度虽然低，但也不能贪杯，过量饮用可能会导致头晕、呕吐等症状。开封后的果酒容易被氧化，影响口感和品质，应密封保存并在短时间内饮完。

六、鸡尾酒搭配指南

鸡尾酒是酒吧文化必不可少的一个重要标志，很受年轻人的欢迎。在年轻人的派对上、西餐厅里，鸡尾酒常常作为首选饮品，能够增添欢乐的氛围。

鸡尾酒的酒精浓度因配方不同而异，饮用时需注意适量。鸡尾酒通常需要现场调制，建议选择信誉良好的酒吧和专业的调酒师。

七、清酒搭配指南

日本清酒是借鉴中国黄酒的酿造法而制作出来的日本国酒，在日本酒文化中占有重要地位，适合在传统节日、祭祀活动、成人礼、婚礼等聚会场合饮用。清酒既可以热饮，也可以冷饮，搭配生鱼片、寿司等日式料理，滋味非常好。

八、白兰地搭配指南

白兰地是一款别具欧洲风味的烈性蒸馏酒，不适合在餐前饮用，但可以在餐后畅聊时适当小酌，细细品味。适合在欢庆场合饮用以增添氛围，也适合独自一人时小酌，放松身心，享受独处时光。白兰地更适合酒类爱好者饮用，其复杂的香气和口感适合慢慢品鉴。

九、香槟搭配指南

香槟是一种适合成年人饮用的酒精饮品，口感清新，在饭前饮用可以提升食欲，尤其受到女性消费者和年轻人的喜爱。适量饮用香槟可以促进血液循环、缓解压力、增添欢乐的气氛。香槟也适用于多种场合，如庆祝节日、生日派对、婚礼庆典、商务宴请等。在节日聚会上，人们会开启一瓶香槟，共同庆祝节日的到来；在生日派对和婚礼庆典中，香槟可以增添欢乐和浪漫的气氛；在商务宴请中，香槟可以表达尊重和诚意。

香槟应保存在阴凉、干燥、通风的地方，避免阳光直射和高温环境。同时，要将香槟卧置，使酒液和软木塞长期接触，以免空气进入。

需要注意的是，酒水搭配也要结合客人的喜好、聚会的档次来选择与菜品相匹配的种类。正式的商务宴请场合则要避免摆放大量的啤酒。最重要的是，宴会中要注意适度饮酒，尽量不要混饮，以确保健康地享受美食与美酒。

尊重饮酒自由，拒绝劝酒

酒，在日常生活和宴会中都扮演着重要角色，无论是朋友聚会、家庭聚餐还是工作应酬，都常见其身影。然而，不知何时起，劝酒成了酒桌上令人头疼的“规矩”。

谈及饮酒，每个人的态度各异，酒量也有大有小。有人喜爱小酌，品味酒香，放松心情，视之为“小确幸”；有人则偏爱醉酒后释放天性的自由。有人千杯不醉，也有人因身体原因或单纯不喜欢酒味而滴酒不沾……这些选择都应得到尊重，正如饮食口味各异，不应强迫他人接受。

遗憾的是，一些不良劝酒风气常无视个人自由。劝酒者常以“感情深，一口闷”“不喝就是不给面子”等理由施压，这看似是劝酒，实则是一种变相的服从性测试，丝毫不顾他人健康与安全。抵抗劝酒也许会被贴上“不合群”“不近人情”的标签，甚至给自己带来麻烦，但硬着头皮喝酒又伤身伤心，百害而无一利。

其实，真正的情谊岂是几杯酒能衡量的？朋友间应了解彼此的喜好与底线，让彼此舒适自在；亲戚相聚更应关心健康而非强迫饮酒；工作应酬应凭能力与诚意打动对方，酒只是助力，而非必须。

在宴会中，我们应尊重每个人的饮酒自由。想喝的自品其味，不想喝的以茶、以饮料代酒，同样能畅谈尽欢。拒绝劝酒，既是对他人的尊重，也是对自己健康与安全的负责。从下次举杯开始，守护饮酒自由，让宴会回归原本的欢乐模样。

拒酒词

（一）家庭聚会巧妙拒酒

1.“表哥、表姐，我的胃最近‘娇气’得很，经常‘闹脾气’。医生已经给我下了‘禁酒令’，我实在不想刚喝完酒就去看医生。我就以茶代酒，祝愿咱们一大家子身体健康，食欲旺盛，天天都有好心情！”

2.“叔叔、婶婶，我今晚可得留着精神好陪你们说说笑笑呢，要是喝了酒，一会儿该困得眼皮打架了。我喝点儿果汁，保持清醒，今晚陪你们聊个尽兴。”

3.“家人们，我正在为迎接咱家的新成员而努力戒烟戒酒、锻炼身体。我以果汁敬大家，愿咱们家的日子越过越红火，早日迎来新成员。”

4.“各位长辈，我刚才吃了颗头孢，酒是喝不了一丁点儿的，这次我就喝点儿饮料意思意思，下次再陪大家畅饮。”

5.“堂哥、堂姐，我答应了邻居阿姨明天一早去她家帮忙，要是今晚喝多了明天早上起不来，那可就耽误大事了。我就以水代酒敬你们，感谢你们平日里对我的照顾。”

（二）朋友聚会拒酒小妙招

1.“哥儿几个/姐儿几个，今晚我是‘司机担当’，负责护送大家平安到家。这酒我可得忍住不喝，等下次咱们都不开车时，我一定好好陪大家畅饮一番！”

2.“兄弟/姐妹，我最近健身正上瘾，教练说喝酒是肌肉增长的‘大敌’。我辛辛苦苦练出来的腹肌/马甲线，可不能毁在一杯酒上。我喝零度可乐，跟大家一起共享欢乐。”

3.“朋友们，我最近手头有点紧，要是喝醉了不小心把手机、钱包弄丢，那我就真得流落街头了。等发了工资咱们再聚，不醉不归，今儿就先饶了我吧。”

4.“各位好友，我最近参加了一个有趣的线上挑战，需要保持清醒的头脑。要是喝了酒打卡失败，那我之前的努力就白费了。咱们今儿就用饮料碰一个，下次再好好喝一场。”

5.“哥们儿/姐妹们，我刚失恋，心情还没完全恢复。这酒一下肚，我恐怕得变成泪人儿，扫大家的兴了。我缓缓情绪，喝点果汁跟大家开心开心。”

（三）商务应酬合理拒酒

1.“各位领导，非常抱歉，我最近身体有些不适，正在服用消炎药，医生明确要求避免饮酒。为了不影响药效和健康，我今晚只能以水代酒。感谢你们一直以来的关照，后续合作我必定竭尽全力。”

2.“王总，您对我的信任让我深感荣幸，这个项目我一定会高度重视，不敢有丝毫懈怠。为了确保项目顺利进行，我今晚不便饮酒。等项目圆满成功后，我一定亲自敬您一杯，庆祝我们的合作成果。”

3.“各位合作伙伴，虽然酒能助兴，但今晚我更希望以专业的态度和真诚的服务来推动我们的合作。待合作取得显著成效时，我们再举杯庆祝。现在，请允许我以饮料代酒，表达我的诚意。”

4.“领导，我刚从外地出差回来，身体状态还未完全调整过来，实在不宜饮酒，怕酒后失态，扫了大家的雅兴。我以茶代酒，敬各位一杯，还请见谅。”

5.“× 老板，这单生意我投入了全部精力，现在脑子里全是数据和方案。饮酒可能会影响我的判断，等生意顺利成交后，我一定陪您畅饮。现在，我就以茶代酒，敬您一杯，请您理解。”

（四）跨场景通用灵活拒酒

1.“只要心里有，茶水也当酒。”

2.“我一杯就倒，还是不喝为妙。”

3.“我说不喝就不喝，喝倒在地谁来拖。”

4.“你举杯，我捧茶，在我看来，茶香与酒香一样雅。”

5.“今日能与众位共聚一堂，我深感荣幸。无奈酒量有限，难以尽情，故愿以清茶代酒，敬大家一杯，聊表心意。”

6.“各位领导酒量非凡，令人钦佩，我自愧不如，加之身体略有不便，故选择以茶代酒，向各位致以诚挚的敬意。”

7.“虽不能举杯畅饮，但我相信，真挚的话语同样能传递我的心意，愿我们的情谊更加深厚。”

8.“君子之交，淡如水，却情意长。我以茶代酒，同样能表达我对各位的深厚情谊。”

9.“为了不伤感情，我愿意喝；但为了不伤身体，我只能适量而饮，还请各位谅解。”

10.“近期身体略有不适，医生建议少饮酒。故我以茶代酒，同样能享受与大家共聚的欢乐。”

保持清醒，预防酒后失态

在社交场合中，饮酒常常难以避免，为了避免酒后失态，给自己和他人带来不必要的困扰，以下这些具体操作方法能助你一臂之力。

一、提前规划

了解场合：赴宴之前，先明确聚会类型。若是商务应酬，要清楚自己肩负的责任，需保持专业形象，此时就要做好少饮酒的准备；若是家庭聚会，考虑长辈、晚辈在场，也不宜饮酒过量；朋友聚会虽相对随意，但也不要因一时兴起而失控。

交通选择：坚守“开车不喝酒，喝酒不开车”的原则，开车赴宴是拒酒的最有效理由。如果在你说完“开车呢，哪儿敢喝酒”后还有人劝酒的话，应坚定立场，必要时可断绝不当交往。在参加酒局之前，要提前规划好自己的行程，确保自己是清醒的“司机担当”，任别人怎么劝都要做到滴酒不沾，酒后开车可不光是不安全的事，还是违法犯罪的行为。同时，记得安全护送朋友回家。若没有提前做好规划，喝了酒，一定要及时预约靠谱的代驾服务，或者安排亲人朋友接送，保证自己的安全。最后，给自己设定饮酒上限，避免错过回家的车而滞留或冒险酒驾。

二、饮酒过程把控

控制速度：喝酒时千万别急，别被热闹氛围带动，一杯接一杯猛灌。小口慢酌，既能细细品味酒香，又给身体足够的时间代谢酒精。每喝完一口，稍作停顿，吃点儿食物，让胃里有东西缓冲，延缓酒精吸收。

食物推荐：忌空腹喝酒，喝酒前和喝酒过程中应多吃富含蛋白质、维生素的食物，如肉类、蛋类、蔬菜、水果等。蛋白质能在胃黏膜形成一层保护，减少酒精对胃的刺激，同时降低酒精进入血液的速度；维生素可加速酒精代谢分解。吃点儿花生米、拍黄瓜，再来几口酸奶，既能护胃又助解酒。

合理选酒：如果可以选择的话，尽量不要喝酒精浓度较高的酒，就算是酒量很好的人，分解酒精也会造成身体负担。聚会时，酒作为一种助兴的工具，宜少不宜多，酒精浓度宜低不宜高。尽量挑选酒精含量低的酒类，如啤酒、果酒或者低浓度的白酒。同时，也要注意避免不同种类的酒混饮。不同酒类成分复杂，混着喝极易加快醉酒速度，也会对身体造成更重的负担。

三、借助外力辅助

备好解酒物品：出门前可携带一些解酒的物品，比如一小包葛根粉，它富含黄酮类化合物，能加速酒精代谢，酒后冲一杯饮用，可缓解头晕；或是准备几片B族维生素片，饮酒前吃上，可增强肝脏解酒能力。市面上还有一些解酒糖、解酒饮料，提前了解功效，选择合适的购买，以备不时之需。

同伴监督：和朋友、同事一起时，提前打好招呼，告知自己不想喝醉，拜托他们适时提醒，帮忙挡挡酒。真正的朋友会理解并支持你保持清醒，在有人劝酒过度时，帮你巧妙解围，让你不至于陷入尴尬的劝酒漩涡。

四、心理暗示与坚持

牢记后果：心里时刻想着酒后失态可能引发的尴尬场景，

如胡言乱语、走路不稳摔倒、呕吐一地弄脏环境等，甚至可能因失态得罪人，影响人际关系、工作合作。用这些潜在“恶果”警示自己，强化不想喝醉的决心。

坚定立场：拒酒要坚定，面对他人的劝酒，可以幽默得体地拒绝对方，明事理有分寸的人自然不会继续再劝。要是遇到难缠的、不怀好意的人，不用在乎是否会得罪对方，义正词严地拒绝他，千万不要动摇。不要给别人一种你只是象征性地拒绝了一下的感觉，你可以以身体不适、开车为由拒绝喝酒，或者是用“丑话说在前头”的方式，做好风险告知，但凡是个正常人，都不会再继续劝酒。在被劝酒的场合，千万别怕被说“不给面子”，毕竟比起一时的面子，还是身体健康和生命安全更重要。

总而言之，酒可以喝，但在酒桌上一定要让自己尽量保持清醒，这样才可以既享受社交的乐趣，又不会因醉酒失了分寸。

入席与离席的礼仪

在正式的大型宴会场合，还需要注意入席和离席的礼仪，不可像在家中那样随意。

一、入席礼仪

大型宴会场合通常会安排具体的开席时间，作为客人，按时入席是最基本的礼仪要求。既不要太早到场，也不要姗姗来迟，提前10~15分钟到达最为恰当。到场后，应根据主人的安排或座位卡指示入座，若没有明确指示，可以找到熟悉的人得到指引再行入座。入座时，应从座椅左侧入座，动作轻缓，不要影响到旁人。

入座后也要注意自己的行为举止。坐姿端庄，不要太过局促，双手可自然放在腿上或桌沿，让自己放松下来，但要避免太过放松而趴在桌子上或后仰瘫倒在座位上。与邻座交流时，音量也要适中，既不能大声喧哗影响到他人交谈，也不能因为声音太小而显得过分拘谨。等待开席期间，可适度社交。

餐具的使用是入席礼仪中的重要环节。中式宴会的餐具一般有餐盘、汤碗、汤匙、骨碟等，不同地方的风俗习惯导致使用的方式也不尽相同。而在西方宴会中，餐具的使用顺序通常遵循从外向内的原则。餐巾应轻轻展开，对折放在腿上。若需暂时离席，餐巾应放在座椅上，表示还会返回。这些细节都体现着用餐者的礼仪修养。

下面，列举一些常见的中餐餐具使用礼仪：

筷子：筷子是中式餐桌上最常用的餐具。摆放餐具时，筷子需要齐平摆放，不能一长一短。使用时，要正确执筷：一般用右手握住筷子，大拇指和食指捏住筷子的上端，另外三个手指自然弯曲，托住筷子下方。在进餐过程中，还需要注意不能用筷子指人，因为这是不礼貌的行为，有指责、挑衅之意；不能将筷子插在食物上，尤其是插在米饭上，因为这在传统习俗中与祭祀相关，是不吉利的象征；也不能在菜盘中随意翻搅食物，应在靠近自己的一侧夹取菜品，遵循“食不翻挑”的原则，避免影响他人食欲。如果暂时不使用筷子，应将其整齐地放在筷架上，而不是随意丢在餐桌上。

勺子：勺子主要用于舀取汤类、粥类等食物。使用勺子时，一般用右手握住勺柄，拇指在上，其余手指在下。舀取食物时，应从外向内舀，不要舀过满，以免食物溢出。用勺子喝汤时，应从勺子侧面入口，避免发出过大的声响。如果汤太烫，不要用嘴直接吹，可稍等片刻或用勺子轻轻搅拌散热。使用完毕后，勺子应放在碗中或勺子专用的托碟上。

碗：碗主要用于盛放主食、汤品等。端碗时，应用大拇指扣住碗口，其余四指托住碗底，将碗端至嘴边进食，切忌趴在桌上直接用嘴凑近碗吃。

骨碟：骨碟用于放置食物残渣。不要将残渣随意吐在桌上或地上，应吐在碟中，保持桌面整洁。当碟中的残渣较多时，可示意服务员更换。但有些地方习惯用碟子盛放夹的菜品，在赴宴时，如果不懂当地的习惯，可以观察他人是如何使用的。

二、离席礼仪

在宴会上，离席的时机把握和得体应对无一不考验着我们的智慧和观察力。

（一）提前离席

如果在宴会开始前得知有事要提前离席，应在开席前提前告知主人并表示歉意。如果在宴会进行中得知有事需要提前离席，尽量选择在宴会中间休息时或在上甜品时，悄悄向主人说明情况并诚恳地表达歉意。如“实在不好意思，临时有点儿急事，我得先走一步，今天真的很开心，感谢您的邀请”。切忌在主人致辞、众人用餐时突然离开，以免影响宴会氛围。

（二）正常离席

离席时要注意整体氛围，选择合适时机，避免影响宴会进程。主人示意宴会结束，方可准备离席。准备离席时，不要扭头就走。先检查随身携带物品，然后与周围的人简单告别，如“今天和您聊得很开心，期待下次再聚”。

（三）向主人告辞

向主人告辞是基本的礼貌。告别时，真诚地感谢主人的邀请和热情款待，表示自己很开心，如“今天的菜太丰盛了，每一道都很合口味”“您的安排太周到了，大家都玩得很尽兴”。如果是商务宴请，还可以再次强调合作的诚意；如果是家宴，则可以表达对家人的关心和离别的不舍，约定下次相聚的事宜。

宴会中的入席与离席礼仪常被忽视，然而，我们的疏忽并不代表主人不计较或其他宾客不介意。尽管难以做到尽善尽美，但多掌握一些宴会礼仪规范，便能少犯错误，在人际交往中也能赢得更多好评。在现代社会，宴会礼仪仍具有重要价值，它不仅是传统文化的延续，也是现代社交的必备技能。通过持续的学习和实践，我们可以在宴会场合展现优雅得体的举止，为个人发展开辟更广阔的道路。

第二章 酒桌礼仪与规矩

倒酒：酒倒八分满，情留十分真

很多人认为倒酒只是简单的动作，但实际上，它蕴含着深厚的礼仪文化。掌握倒酒的基本礼仪和细节，能够体现一个人良好的礼仪素养。

倒酒站右，敬酒站左。这是酒桌上不成文的规定。倒酒时，应站在客人的右侧，侧身朝向客人，右手拿酒，左手托住瓶底，防止酒水溅出。倒的时候身体微微倾斜，以示礼貌，同时要把握力度，让酒液缓缓地流出。需要注意的是，在倒酒时切忌反手倒酒。反手倒酒在中国传统酒桌文化中被视为是一种不礼貌的行为，有不尊重他人之嫌。更甚者，反手倒酒极易令人将其与祭祀祖先、悼念已故之人的情境联系起来，要是疏忽了这一点，对方可能会认为你是故意找碴儿。这不仅会破坏原本欢乐的宴会氛围，也会让你在不知不觉中得罪客人，影响双方的情谊。

茶满欺人，酒满敬人。我们中国人的做法一般是酒满茶半，茶半是情，酒满是义。倒酒时一定要将酒杯倒满，以表示对客人满满的尊重和热烈的欢迎。在日常生活中，为了方便举杯，不让杯里的酒溢出来，倒酒时通常倒个八九分满即可，同样能表达尊重和敬意。

先宾后主，长幼有序。倒酒的顺序一定要遵从座次，从主宾开始，按照座位的顺时针方向依次进行，最后才是自己的杯子。在家庭聚会中，通常要先为长辈倒酒，同辈则先给年长者倒酒，以遵循“长幼有序”的传统原则。在和同事聚会时，倒酒则遵循“女士优先”的原则，体现对女士的尊重，最后再给自己倒。

把握时机，适时添酒。做个有眼力的人，长辈或领导需要添酒时要及时起身，主动倒酒，但也要把握添酒的时机，以免给对方造成强迫喝酒的不适感。

以上，是酒桌上倒酒的一般性原则，下面是各类酒的倒法详解。

白酒，作为中国传统酒品的代表，其相对应的礼仪也颇为讲究。白酒酒杯通常较小，这不仅有助于控制饮用量，还能让人充分体验其醇厚香浓的口感。倒白酒时，应右手持瓶，左手轻扶瓶颈底部，将酒液缓缓倒入酒杯，至八分满为宜。这样，杯中的白酒晶莹剔透，既彰显了尊重，又便于拿放。

啤酒，因其带气易产生泡沫的特点，倒酒时需格外注意。应倾斜酒杯，沿杯壁缓缓倒入，这样泡沫较少，不易溢出。啤酒泡沫以距离杯口一指厚为佳，这层泡沫能锁住香气，减少啤酒与空气的接触，保持啤酒的新鲜。倒酒过程中，速度要稳定，不宜过快。此外，尽量避免使用纸杯倒啤酒，以免产生过多泡沫，破坏口感。

红酒的倒法同样讲究。倒酒前，应用干净的口布擦拭瓶口，防止酒液滴出。倒酒时，左手持杯，右手持酒，将红酒缓慢倒入高脚杯，使酒液占酒杯的三分之一左右。这样，酒液与空气有足够的接触空间，香气能慢慢散发，让人更好地体验红酒的香气层次和风味。同时，三分之一的酒液量也便于观察红酒的色泽和挂壁情况，帮助判断其品质。

香槟的开启需小心控制瓶塞弹出的方向，避免伤人。倒入笛形杯时，先倒三分之一，待泡沫略微消散后，再倒至七八分满。

敬酒：敬老礼宾，主次分明

小李所在的部门今天聚会，酒过三巡，大家都不再那么拘谨，你敬我一杯，我敬你一杯，有来有往，很是热闹。小李喝了几杯酒有些感慨，看着自己的直系领导，心里想起了他平时对自己的各种帮助和关照，决定敬自己的直系领导一杯，以表达感激之情。

然而，他的敬酒方式却问题重重。他坐在座位上，隔着几位同事，遥遥举杯道："王总，我也敬您一杯，我干了，您随意。"这突如其来的举动让领导措手不及，喝完这杯酒后想要与小李交流，却发现他已转身去敬其他人，领导脸色难免难看。

小李的敬酒究竟出现了哪些问题？让我们一起来分析。

问题一：敬酒位置不当。敬酒在于"敬"而不是"酒"，起身是基本礼仪，小李坐着敬酒，显得不够尊重。正确的做法是起身走到对方身边，站在对方左侧靠后的位置，不要过于贴近或疏远，这样既方便对方转身举杯，也显得更加礼貌。

问题二：举杯姿势错误。小李隔着人群单手举杯，这在正式场合显得颇为不雅。正确的举杯姿势应是：上身挺直，站立稳重，面带微笑，左手托底，右手持杯（惯用左手者反之），杯口朝向被敬酒的人。

问题三：敬酒词不当。小李的敬酒词过于简略，缺乏礼貌和诚意。敬酒时应该说些感谢或祝福的话，让对方明白你的意图。同时，应根据场合和对象选择合适的敬酒词。

除了这些，敬酒时还有一些需要注意的地方。

敬酒一般从高位敬起，以顺时针方向依次敬酒，切忌跳过他人或隔着人去敬酒；以一敬多只适用于长辈敬晚辈，领导敬下属，其他人对长辈和领导不能一敬多，要逐一敬。

遵循主人优先的原则，在餐桌上应该由主人率先提出敬酒并致辞，不要先于主角敬酒，要找准定位，不喧宾夺主。

不打断宾客谈话，等到比自己位高的对象敬完酒后再向别人敬酒，别人敬酒时可以适当地捧场，鼓掌，活跃气氛。

少杯或空杯去敬酒是极其失礼的行为，在敬别人时，自己一般不能比对方喝得少。

最后，把握敬酒时机，不要拖沓，敬酒时要大气，喝酒时要痛快，干脆利落敬完落座。

回敬：优雅举杯，真诚回应

酒桌上的回敬，既是一种礼仪的体现，也是一种情感的交流。当他人向你敬酒时，及时而得体的回敬不仅展现了个人的修养与情商，还能进一步加深彼此间的情谊。以下是回敬时需要注意的几个关键点：

一、把握时机，恰到好处

在他人敬酒结束后，应选择合适的时机进行回敬。既不宜拖延过久，也不宜急于打断。通常，在敬酒者完成起身、举杯、祝福和饮酒的动作后，你便可以开始回敬。先为对方斟酒，再为自己满上，面带微笑，目光交流，动作自然流畅。同时，说出祝福或感谢的话语，使回敬显得自然且不突兀。在正式场合，主宾之间的敬酒和回敬会有特定环节，只需跟随节奏进行。而在朋友聚会等非正式场合，则相对随意，可以即敬即回。

二、回敬姿态，彰显修养

回敬的姿态是个人修养的直观体现。若条件允许，最好走到对方身边进行回敬，以示尊重。起身站立，面带微笑，双手举杯，酒杯高度适中。面对长辈或领导时，酒杯应略低于对方；若是平辈朋友，则可保持酒杯基本持平。同时，眼神要注视对方，展现真诚友善的态度。注意手要稳，避免酒水洒出。

三、语言表达，智慧真诚

回敬时的语言表达既要真诚又要富有智慧。避免简单重复对方的话，尽量换一种表达方式，如“我也回敬您，祝您财源广进，万事顺遂”。若想表达更深的情谊，可以提及对方过往的帮助和成就，使话语更加言之有物。对于熟悉的朋友，也可以用轻松幽默的话语进行回敬。

四、态度大方，爽快诚恳

在整个回敬过程中，态度要大方得体，避免扭扭捏捏或推三阻四。一般情况下，对方敬你多少杯，你也应回敬多少杯，尽量保持相当。如果酒量有限，可以诚恳地说明情况，并用茶水或饮料等代替酒进行回敬。但无论如何，都要爽快诚恳，让对方感受到你的诚意和尊重。

酒桌慎言，过满则亏

人们习惯把大大小小的事情搬到饭桌、酒桌上谈，因此有了饭局和酒局。很多时候，吃饭、喝酒只是社交的媒介，或圆或方的酒桌变成了一方小小的社交天地，承载着人情世故、交际往来。几杯酒下肚，众人开始畅所欲言，这场面看起来其乐融融，却也暗藏着不少言语的陷阱。

陷阱一：无所不谈。酒桌上，人们容易在愉悦的氛围中打开话匣子，但无所不谈往往容易说多错多。酒桌上一定要记住“三说”和“三不说”。“三说”即一说赞美的话，可以赞美对方的形象和成就；二说回忆往昔的话，尤其是老友聚会时，说一说曾经一起经历的美好日子也是不错的话题；三说感谢的话，表达平时难以言说的祝福和感激，让对方接收到你的情谊。更要牢牢记住“三不说”，即一不说涉及隐私的话题，比如询问工资、存款、房产等，对于不是非常熟悉的人，也不要过度打听人家的情感状态；二不说带有争议性的话题，避免谈论敏感的政治、宗教话题，酒桌上因为言论不当而引起舆论风波的公众人物不在少数，虽然我们不是公众人物，但有争议的话只要说出口，难免会被有心人借题发挥；三不说贬低别人或说教的话，避免扫兴和发生冲突。

陷阱二：话说太满。月满则亏，水满则溢，话说太满往往也会令自己自讨苦吃。酒桌上推杯换盏、你吹我捧的氛围很容易让人松懈，失去理智。有的人因为他人的吹捧而飘飘然，在不经意间将话说得太满：拍胸脯答应别人的要求，夸下海口保证能完成某项艰巨任务……酒醒后，往往要为自己的口舌之快买单。真正能做到那些事还好，一旦日后无法兑现这些“满话”，便会令自己陷入尴尬境地，声誉也会大受影响。

再者，话说太满也暴露了自身的浅薄与浮躁。谦逊是中华民族的美德，而在酒桌上，喝酒上头的人往往会把谦逊二字抛诸脑后，大话变多，胡话也脱口而出。要知道，真正有本事、学识渊博的人一般不会轻易发表看法和言论。这些人懂得越多，越明白自己的渺小，也就越谦逊。他们在酒桌上会斟酌言辞，在合适的场合、时机说出得体的话。而那些看起来深有见地、动辄夸下海口、大放厥词的人，往往在旁人眼中，是自大的、是不可信的。

陷阱三：话说太绝。有些人在酒桌上发表言论，总喜欢夹杂一些颇有攻击性的词语，他们认为亲朋好友间如此不拘小节才是“真实”。然而，这种含有攻击性的话语极易引发争执和冲突，破坏亲友间的情谊。因此，我们要避免把话说得太绝，给彼此留有余地，维护轻松愉快的酒局氛围。

在酒桌这个特殊的社交场合，我们应时刻保持清醒的头脑，控制好自己的言论。每一句话在说出口之前都应经过深思熟虑，避免因一时的冲动或虚荣说不该说的话、答应办不到的请求，或者争辩一些无伤大雅的话题。须知，适度的保留不是怯懦，而是智慧；含蓄的表达不是虚伪，而是涵养。只有把握好言语的尺度，才能在酒桌社交中游刃有余，维护良好的人际关系，避免因“话多”“话满”“话太绝”而带来种种弊端，让每一次的酒桌相聚都成为愉快而有益的交流契机，而非埋下隐患的开端。

干杯与碰杯

一人独酌时，怎么喝、喝多少、怎么拿杯、怎么倒酒，全凭自己的喜好。然而，在宴会中，酒所承载的社交属性要求我们不能太过随性。两人及以上一起喝酒时，很难避免干杯与碰杯的环节。这时，喝酒这个活动便借助干杯与碰杯的环节，开始发挥它的社交作用。何时举杯、何时碰杯、举杯的姿势如何、碰杯的顺序怎样，在正式场合都是有讲究的。学会正确的干杯与碰杯姿势，可以防止我们在宴会场合因为这些小细节引起他人的不适，甚至影响到自己的形象和人际关系。

一、场合与时机的把握

不同的宴会场合，干杯与碰杯的时机和方式都有所不同。

一般宴会中，遵循“客随主便”的原则，率先发起干杯的通常是请客吃饭的主人，在商务宴请中则是主办方领导或在场地位最高的人。他们举杯发言，欢迎客人，并说一些祝福和感谢的话语。此时，为表示尊重，客人应暂时放下手中的餐具，停止用餐，将注意力集中在发言者身上，最好面带微笑注视对方。同时，要确认自己杯中的酒水或饮料充足，以便在对方说完祝酒词后，能够及时举杯回应。

在家庭聚会中，通常由长辈作为发起干杯的人。大家稍作用餐后，长辈会开始说一些祝福的话，叮嘱晚辈，随后示意共同举杯。这是提升家庭凝聚力的有效方式。晚辈们应积极响应，互相表达关爱与祝福。

而在朋友聚餐等轻松随意的场合，干杯与碰杯的规则也相对简单。通常由请客或组织者率先发起干杯，后续环节较为随性。感觉气氛不够热烈时，大家可以一起干杯、碰杯，活跃气氛。

一敬多时，敬酒人或发起干杯的人通常离大家较远，无需碰杯，远远举杯示意即可。若距离较近，则需走到对方身边碰杯，避免隔着人伸长胳膊，这样既容易溅出酒水，也不太礼貌。最恰当的碰杯姿势是面对面，保持适当距离，手肘微微抬起，用轻松自然的方式轻轻碰杯。与主宾或长辈碰杯时，杯口要明显低于对方，以示尊重。

非正式聚会中，规则可适当放松。坐着碰杯或动作相对随意均可，但基本礼仪仍需保持，注意表情得体和动作轻柔。与朋友可以适当开个玩笑，但要注意分寸。

国际场合要注意文化差异。西方宴会通常不强调干杯，更注重品酒交流。碰杯时力度要更轻，避免发出过大声响。与外国友人碰杯时，要注意观察对方习惯，适时调整自己的动作。

二、举杯的姿势与动作规范

握杯方式：握杯的姿势因酒杯类型而异。白酒杯较小，握持杯身下部可保证平稳。啤酒杯较大，有把手的可握住把手，杯子大而重时，可用手轻托杯底，防止酒水溢出。无把手的啤酒杯则张开虎口，环握杯身即可。葡萄酒杯通常是高脚杯，应用拇指、食指和中指握住杯柄，避免手直接接触杯身，以免手的温度影响酒的口感。香槟杯同样握住杯柄，以防手的温度使香槟中的气泡过快消散。握杯时需注意力度适中，无论何种酒杯都不要过于用力地摇晃。

举杯高度：与他人碰杯时，举杯高度颇有讲究。通常，地位较低者或晚辈与地位较高者或长辈碰杯时，杯口应略低于对方，以示尊重。平辈或地位相当者之间碰杯，杯口可持平。但需注意，杯口高度差异不宜过大，以免显得过于谦卑或刻意。

碰杯动作：碰杯时，酒杯应微微倾斜，动作宜轻柔。可将自己酒杯的杯口轻轻触碰对方酒杯的杯肚位置，力度适中，这样既能发出清脆悦耳的声音，又能保证碰杯的稳定性。避免用力过猛导致酒水溅出。同时，保持眼神交流，面带微笑，传达出友好的态度和真诚的祝福。

干杯动作：干杯时，手持杯上举至胸前，杯口略向外倾斜。手臂不宜伸得过高过直，微微弯曲即可。遵循轻拿慢放的原则，轻轻拿起，慢慢放下。喝酒时不宜过急，避免仰头一饮而尽。根据个人情况选择相应的饮酒速度，但也要注意不要过于拖沓。

三、碰杯的顺序

在正式的宴会中，碰杯需遵循一定的顺序，不可随意乱碰。例如，在公司团建场合，若越过领导和同事与他人碰杯，可能会引起不满。为避免无意中得罪人，遵循一定的顺序更为稳妥。通常，应先与主宾碰杯，然后按顺时针方向依次与其他人碰杯。在商务宴请中，应先与重要客户或合作伙伴碰杯，以示重视和感谢。家庭聚会时，则先与长辈碰杯，再依次与平辈和晚辈碰杯。碰杯过程中，注意不要漏碰，也不要越过他人跳着碰。

四、特殊情况的处理

无法起身碰杯：在一些大型宴会或座位较多的情况下，若无法起身与每一个人碰杯，可以举起酒杯，向对方示意，并说一些祝福的话语，对方通常会以同样的方式回应。

双方距离较远：如果与对方的距离较远，无法直接碰杯，可以用眼神同对方交流，同时轻轻晃动手中的酒杯，以表示碰杯的意愿。

对方正在忙碌：如果发现对方正在忙碌或正与他人交谈，可以暂时不打扰对方，等对方空闲下来后再进行碰杯。

宴会礼仪中的干杯与碰杯看似简单，实则蕴含着许多细节和学问。只有掌握了这些注意事项，才能在各种宴会场合中赢得他人的尊重和喜爱。希望大家在今后的宴会中，能够运用所学的知识，为自己的社交生活增添光彩。

南北方酒桌文化异同

酒桌文化在中国有着悠久的历史，不同地区的酒桌文化也各具特色。南方和北方的酒桌文化既有共同点，也有显著的差异。本节将从酒类选择、座位安排、敬酒礼仪、劝酒风格、祝酒词等方面进行对比分析。

一、酒类选择的异同

北方酒桌文化以白酒为主要饮品，常见高端品牌包括茅台、五粮液、汾酒等。这些酒类不仅是饮品，更是身份和地位的象征。在正式场合，高端白酒的选择往往体现着主人的诚意和宴请的规格。

南方酒桌文化则以黄酒、米酒、果酒等为主要饮品，这些酒类酒精度相对较低，口感温和。绍兴黄酒、客家米酒、青梅酒等是其中的典型代表。酒具选择也更为精致，常用小杯慢酌，体现细腻品味。

共同点：无论是北方还是南方，酒类的选择都体现了对客人的尊重和宴请的规格。高端酒类在正式场合中都是不可或缺的。

二、座位安排的异同

北方酒桌文化中的座位安排尤为讲究，体现了尊卑有序的传统观念。正对门的位置被视为主陪位，其对面为副陪位。

主陪，往往是请客方中身份显赫或具有最高话语权的人物，他们肩负着掌控酒局节奏与氛围的重任。在酒局伊始，主陪会率先带领大家进行开场的干杯仪式，通过热情洋溢、充满敬意的祝酒词，表达对宾客的深切欢迎与衷心感谢。此时，全场人员都会积极响应，共同举杯，为这场酒局拉开欢乐序幕。

副陪作为主陪的得力助手，主要职责是协助主陪，在酒局中起到活跃气氛、细心照顾宾客的作用。在主陪完成开场干杯仪式后，副陪也会适时发起干杯，以进一步推动酒局的顺利进行。

在主陪和副陪的两侧，通常安排的是重要的宾客或尊长。座位的安排从主陪开始，按照顺时针方向依次排列。在碰杯时，同样遵循这一顺序：先从主宾开始，然后依次顺时针同其他宾客碰杯。这样的顺序不仅彰显了对宾客的尊重与礼遇，也有助于确保酒局的有序与和谐。

对于不熟悉这种座位和碰杯顺序规则的人来说，贸然打乱次序可能会被视作失礼，从而给他人留下不佳的印象。因此，在北方的酒桌上，了解并遵守这些传统礼仪显得尤为重要。

南方酒桌文化中的座位安排同样蕴含着深厚的礼仪内涵，但相比北方的固定模式，南方部分地区的座位安排显得更为灵活。通常，面向门的位置被视为尊贵的主位，通常会留给身份地位较高、德高望重的长辈或此次宴请的贵宾。在一些家庭聚会或小型社交场合，座位安排可能不会严格遵循顺时针或逆时针的顺序，而是更加注重家庭成员间的亲密关系以及宾客间的熟悉程度。

共同点：无论是北方还是南方，座位安排都体现了对长辈和贵宾的尊重，遵循着尊卑有序的基本原则。

三、敬酒礼仪的异同

北方酒桌文化中的敬酒礼仪较为正式和庄重。晚辈向长辈敬酒时，需要走到长辈身边敬酒，杯口低于长辈的杯口，以示尊敬。在多人共同碰杯的场合，应先与距离自己较近的人依次碰杯，然后再通过眼神交流和举杯示意与其他人互动。

南方酒桌文化中的敬酒顺序同样有着明确的规则和讲究。一般而言，先由主人向贵宾敬酒，以表达对贵宾的欢迎和感谢之情。随后，宾客们按照身份地位、年龄长幼的顺序依次向其他人敬酒。同时，敬酒时需清晰表达自己的祝福和敬意，言辞要礼貌、得体，以彰显自己的修养和素质。

无论是北方还是南方，当接受他人敬酒时，被敬者也需要给予适当的回应，以示礼貌和尊重。如果对方是晚辈或地位较低者，被敬者可以坐着举杯回应，杯口略高于对方的杯口，以示对对方的认可和接纳；如果对方是平辈或身份地位相当的人，被敬者最好起身回敬，杯口持平，双方碰杯后再一同饮酒，以彰显平等和尊重。在回敬时，也可以简单地说一些感谢的话语，以增进彼此之间的感情和友谊。

四、劝酒风格的差异

北方酒桌文化中的劝酒风格豪爽热情。主人通常会热情地劝客人喝酒，将让客人喝好喝足视为对客人的尊重和重视的表现。北方的干杯方式也显得格外豪爽，习惯于“一口闷”。

南方酒桌文化中的劝酒风格则更为委婉含蓄。南方人在劝酒时更倾向于采用比较委婉含蓄的方式，他们更注重客人的感受，不会强迫客人饮酒。

五、祝酒词的差异

北方酒桌文化中的祝酒词简洁明了、朴实真诚，洋溢着浓厚的生活气息。在商务宴请、家庭聚会和朋友聚餐等不同场合中，祝酒词各有特色，但都充满了热情和真诚。

南方酒桌文化中的祝酒词则更加文雅精致。在商务宴请、家庭聚会和朋友聚餐等不同场合中，祝酒词都充满了文采，体现了南方人的细腻和文雅。

六、特殊习俗的差异

北方酒桌文化中有两个饮酒习俗，其一是“酒过三巡”的传统。在北方的酒桌文化中，“酒过三巡”是一个重要的概念。通常情况下，由主陪带领大家进行三次集体干杯后，才算是完成了“酒过三巡”的仪式。在这三次干杯中，主陪每次都会发表不同的祝酒词，表达不同的祝福和心意。“酒过三巡”后，酒局的氛围往往会变得更加轻松活跃，宾客之间可以自由地相互碰杯、交流。

其二是“鱼头酒”的讲究。如果酒桌上有鱼这道菜，那么通常会有饮“鱼头酒”的习俗。一般来说，位于鱼头朝向的人需要喝一定数量的酒，具体数量可能因地区而异，通常是三杯或六杯。主人会使用一些有趣的话语来劝位于鱼头朝向的人喝酒，如“鱼头一对，大富大贵”“鱼头一抬，好运常来”等。作为被鱼头指向的人，最好能够欣然接受并按照规矩喝酒，这样不仅能增添酒局的乐趣，也能体现对当地习俗的尊重。

南方酒桌文化中则有分酒的饮酒习俗。分酒时，主人会将酒依次倒入每位客人的杯中，需注意倒酒的顺序和量。一般先从主宾开始倒酒，然后按照顺时针方向依次进行。倒酒的量不宜过多，一般以酒杯的七八分满为宜，以免溢出。当主人为客人倒酒时，客人要用手指轻轻敲击桌面，以示感谢，这一细节体现了南方人的细腻和礼貌。

七、总结

南北方酒桌文化在酒类选择、座位安排、敬酒礼仪、劝酒风格、祝酒词和特殊习俗等方面都存在着显著差异，但都体现了对长辈和宾客的尊重，以及对传统文化的传承。了解并掌握这些文化差异和共同点，有助于在各类宴会场合中表现得得体大方，更好地融入当地的酒桌文化，从而赢得他人的尊重和喜爱。

第三章 祝酒词

传统佳节篇

春节·春风送暖入屠苏

“爆竹声中一岁除，春风送暖入屠苏。”春节，这个辞旧迎新、阖家团圆的节日，让忙碌了一年的人们纷纷回到自己熟悉的家乡。走亲访友、陪伴父母孩子、与久未谋面的亲朋好友欢聚一堂，此时此刻，美酒助兴，新春祝福更是不可或缺。

在家庭聚会、同学聚会上，将新春祝福与敬酒词巧妙结合，不仅彰显了祝福的深情，还能得体地表达敬意。根据不同的身份角色，我们精心细分了祝酒词和祝福词，让你在春节这个关键场合能够应对自如。

一、敬长辈

新年伊始，我们首要之事便是向长辈们致以最诚挚的敬意。举杯之际，吉祥的话语亦要如丝如缕，绵绵不断。愿长辈们身体康健，如松柏之茂；精神焕发，如旭日之升。更愿他们财运亨通，福星高照，身体强健，笑口常开。相信以下这些温馨的祝福，定能让长辈们心生欢喜，笑容满面。

1.“春节到，福运到，斟满美酒祝福到，爷爷奶奶身体棒，福星高照乐逍遥。”

2.“叔叔/伯伯，敬您一杯新岁酒，祝您来年事无忧。敬您两杯吉祥酒，希望财神到你家。敬您三杯福气酒，幸福的日子节节高。”

3.“祝爷爷奶奶/爸爸妈妈/叔叔伯伯/姑姑婶婶，一帆风顺、二龙腾飞、三阳开泰、四季平安、五福临门、六六大顺、七星高照、八方来财、九九同心、十全十美。”

4.“新春到，好运到，酒满福气财运到，六畜兴旺粮满仓，万事如意步步高。姑姑/姨妈，新春快乐，万事如意。”

5.“新岁添新酒，招财又进宝，喝完杯中酒，福寿又安康。姑姑姑父/姨妈姨父，新年快乐。”

6.“新春酒一杯，岁岁享安康，财气满庭院，团圆福满堂。祝各位长辈新春吉祥。”

7.“旧岁已去，新福来临。敬各位长辈，新春呈祥瑞，平安更如意。”

8.“新岁同欢庆，美酒敬长辈，祝您好事皆成双，诸事皆顺意，岁月常欢愉，新春笑开颜。”

9.“新春到，酒满上，送给姥爷和姥姥/爷爷和奶奶，身体棒，心事少，儿孙满堂绕膝旁。”

10.“新年新景新气象，我敬长辈酒一觞，阖家欢乐吉祥照，万事如意财神到。”

二、敬亲友

在亲朋好友的聚会中，祝福语可以更加随意自在，既表达对工作顺利、生活幸福的美好祝愿，也不妨带点幽默元素，调侃一下生活的乐趣，让气氛更加轻松愉快。在欢声笑语中，举杯畅饮，让快乐成为聚会的主旋律，增进感情，享受欢乐的时光。

1.“新年将至，友情不断。敬你一杯酒，情谊更绵长。”

2.“新年第一杯，敬我好亲友，祝你桃花旺，早日对成双，工作不瞎忙，工资噌噌涨，吃嘛嘛喷香，快乐又健康。”

3.“一杯金，二杯银，三杯喝个聚宝盆。”

4.“干了这杯酒，来年一起走，吃不胖桃花旺，陪我一路向‘钱’闯。”

5.“这杯酒，敬老友，祝大家新岁无忧，快乐长久。”

6.“朋友们，喝干杯中酒，祝大家新岁乐悠悠。”

7.“喝干辞旧迎新酒，友谊的小船永不翻。”

8.“新春相聚笑开颜，我说这酒咱得干，杯空酒清好赶路，未来的日子一起走。”

9.“干了这杯酒，情谊心中留，愿你啥都有，快乐没忧愁。”

10.“新年已至，福运满堂，祝你所遇皆顺意，所行皆坦途，新春嘉年，欢乐绵延，美酒斟满，情谊不变。”

三、敬领导

与领导共饮，实乃一门深奥的学问。新春之际，更需将祝福精准送达领导心间。那么，何种言辞最为恰当？莫过于祝愿领导事业顺利、财源广进、事业蒸蒸日上。如此诚挚之语，定能赢得领导的共鸣与喜爱。

1.“×总，这杯酒祝您新的一年，鸿运当头，事业兴旺，家庭和睦，新春大吉。”

2.“新春到，福满仓，美酒佳肴祝福到，×总，新年祝您身体棒，带领我们把财发，升职加薪没烦恼，英明决策人人夸。”

3.“×总，新年快乐，这杯酒敬您，您一直是我学习的榜样，新的一年，祝您事业蒸蒸日上，家庭和和美美。”

4.“瑞雪纷飞兆丰年，新春到来喜连连，新年的第一杯酒敬领导，愿您在新的一年里，财源滚滚，好运连连，事业腾飞，家庭幸福。”

5.“在这辞旧迎新的日子里，我祝领导芝麻开花节节高，一天更比一天好，事业飞升财运好，身体倍儿棒享安康。”

6.“新的一年，祝×总事业蒸蒸日上，平步青云，马到成功。”

四、十二生肖祝酒词

鼠：鼠年临，好运随，杯满酒香鼠（数）福来。先鼠（数）财，再鼠（数）笑，幸福绵绵绕身旁。

牛：牛年行大运，祝你生活牛气冲天，身体牛劲十足，事业牛运亨通。

虎：虎跃龙腾迎新春，愿你虎虎生威，事业有成，如虎添翼，一路畅通，猛虎下山，大展雄威。

兔：金兔送福，愿你新的一年，动若脱兔，前兔（途）似锦，扬眉兔（吐）气。

龙：龙腾四海，福满九州，龙年祝你有龙马精神，龙腾虎跃，龙行龘龘。

蛇：蛇盘福地纳祥瑞，新岁开启万事昌。新的一年，祝你如灵蛇蜕旧，除旧迎新，焕发新颜。

马：马年到，迎新春，愿你在未来的路上龙马精神，如骏马奔腾，一马当先，马到成功。

羊：瑞羊迎春，三羊（阳）开泰，吉祥如意。愿你事业有成，羊羊（洋洋）得意，生活美满，喜气羊羊（洋洋）。

猴：金猴贺岁，祝你新的一年敏如灵猴摘星辰，机变通达事事顺。

鸡：雄鸡报晓迎春来，迎晨一唱天下白，愿你鸡年新春大吉，好运连连。

狗：狗年行大运，祝你财运汪（旺），事业汪（旺），身体健康汪汪汪（旺旺旺）。

猪：猪年新春吉祥如意，祝你家庭和睦，事业有成，福气多多，财源滚滚来。

端午·菖蒲祛邪祈安康

五月五，端午至。雄黄酒，洒庭户。挂菖蒲，吃香粽。划龙舟，敲锣鼓。家家户户过端午。

端午节，也称端阳节，在农历的五月初五，是中国的传统节日之一。在以前，端午节喝雄黄酒是节日必备项目之一。相传，屈原投江后，为了不让水里的蛟龙猛兽伤害屈原的遗体，人们便向江中倒入雄黄酒。同时，人们也会自己饮用雄黄酒，或者将它涂抹在小孩儿的耳、鼻、手、足等处，以求辟邪消灾。不过，由于雄黄酒中的一些成分对人身体健康有害，现在已经很少直接饮用，更多的是保留其文化象征意义。但是在端午这天，亲朋好友还是会习惯聚在一起，喝上几杯，相互祝福，祈求安康。

端午聚会，常为阖家团圆之时。长辈坐镇，兄弟姐妹齐聚，共举杯盏，欢声笑语满堂。此时祝酒词自当精彩纷呈，与辟邪祈福相融，更添节日氛围。

一、敬长辈

通常，年龄较大的长辈非常注重过传统节日，因此，端午节不要忘了为长辈们送上祝福。民间的童谣一说，小酒一敬，长辈们会更加喜欢你。

1.“端午佳节，艾草飘香，我敬爷爷/奶奶/姥姥/姥爷一杯酒，愿您岁月常青胜松柏，生活喜乐似神仙。”

2.“爷爷奶奶/姥姥姥爷，端午安康，敬您二位一杯美酒，祝您二位身体健康，四季皆安。”

3.“五月五，过端午；赛龙舟，敲锣鼓；一声鼓，一杯酒，祝您精神胜过龙，身体赛过虎。”

4.“端午有粽香，还有美酒香，喝了这杯酒，幸福到永久。”

5.“爸爸妈妈，端午安康，我敬您二位，祝您二位生活甜蜜似香粽，精彩赛龙舟。”

6.“端午粽飘香，我来敬您酒，愿您在未来的日子里，所愿皆所成，所行皆坦途。”

7.“叔叔婶婶/姑姑姑父，端午佳节，敬您二位一杯，愿您二位身体硬朗，如苍松劲柏，不惧风雨；如龙舟向前，乘风破浪。”

8.“端午一口酒，祛邪消灾，平安到永久。”

9.“端午至，送祝福，一口酒，把祟除；二口酒，把灾消；三口酒，健健康康到永久。”

10.“端午节，喝美酒，喝了这口酒，蛇虫鼠蚁远远跑，百病见你绕道走。”

二、敬亲友

在正式场合，我们的言辞应当文雅得体，展现教养与对场合的尊重；而在亲友聚会中，可以更加放松，使用亲切幽默的语言，营造轻松愉快的氛围。敬酒时，适当地向亲友表达感谢和祝福，不仅能增加聚会的温馨感，也能加深彼此之间的情感。

1.“端午佳节祈安康，美酒喝上一大瓢，喝完酒来精神好，祛病消灾没烦恼。”

2.“五月初五是端阳，龙舟竞渡美酒香，酒杯一端好运到，生活顺畅没烦恼。”

3.“五月五，过端午，挂菖蒲，粽飘香，美酒喝上一两口，平安健康到永久。”

4.“端午喝酒有讲究，雄黄菖蒲配佳偶。一口两口解忧酒，幸福的日子天天有。”

5.“端午酒，莫要愁，一杯两杯入了肚，生活无忧乐无穷。”

6.“端午佳节粽子香，再来一杯美酒尝，一口两口精神爽，灾祸病痛一扫光。”

7.“五月五，是端午，美酒一杯敬大家，祛病消灾身体好，平安喜乐福满堂。”

8.“端午佳节到，酒香到你家，祝你生活美妙呱呱叫，笑口常开乐陶陶。”

9.“五月五，端午到，吃完粽子把酒倒，你一杯，我一杯，生活顺心没烦恼。”

10.“五月五，端午到，一杯蒲酒话升平，两人醉卧品离骚。”

三、敬领导

在酒桌上，我们应当恰如其分地表达对领导的尊敬，以适度的幽默点缀其间，避免过于滑稽之嫌。我们不求炫耀自己的功劳，但求不要有过失之虞，以表达我们由衷的敬意与感激之情，这便是得体的敬酒之词。

1.“端午佳节到，美酒敬领导，粽（纵）有千般好，您的功劳高。龙舟赛得好，您的决策妙，祝您生活甜如枣，事业顺利乐逍遥。”

2.“× 总端午好，敬您一杯酒，愿您没烦恼，感谢您指导，团队发展好，愿您事业步步高，生活无忧乐陶陶。”

3.“鱼儿桌上走，龙舟水里游，领导请喝酒，一杯表敬意。”

4.“端午佳节，祝您和家人端午安康，我敬您一杯，愿您事业勇攀高峰，带领我们创造更多辉煌。”

中秋·阖家团圆共良辰

中秋佳节，美酒相伴，正如古人云："明月几时有？把酒问青天。"中秋月夜，文人墨客望月怀人，对酒当歌，留下了无数佳话。相传唐玄宗在中秋之夜于宫中设宴，熄灭灯烛，对月畅饮，月光下酒影摇曳，浪漫至极。唐朝新科进士在曲江池畔举行盛宴，月明中饮酒赋诗，展望美好未来。孟元老《东京梦华录》中记载的汴京中秋宴，以及《红楼梦》中贾府的中秋宴，无不展现人们置宴饮酒、赋诗赏月，享受月下之乐的情景。

中秋宴上，虽不必如古人般对月赋诗，但举杯之际，几句祝酒词仍是不可或缺。中秋的祝酒词，自然要与佳节紧密相连，融入祭月、拜月、赏月、燃灯、品月饼、猜灯谜、舞火龙等传统习俗，借景抒情，向亲友传递最真挚的祝福。

一、敬长辈

中秋节的祝愿不外乎“月圆人团圆”，借着美好的月色表达对家人的爱和关怀，表达对长辈的感恩和思念。用简单的话语就可以表达真心的祝福，因此，话不在多，心诚足矣。

1.“中秋月圆人团圆，愿您生活比蜜甜，酒不醉人人自醉，幸福生活永相随。”

2.“天上明月圆又圆，人间美酒香满院。借此美景好时节，敬您一杯莫推却，愿您往后事事顺，所有梦想都能圆。”

3.“美酒一杯又一杯，中秋团圆不思归。喝完再续一大杯，美好时光紧相随。”

4.“中秋到，福气冒，月亮圆圆挂天上。月饼甜，桂花香，阖家团圆乐陶陶。我敬您，酒满上，幸福生活步步高。”

5.“中秋佳节喜洋洋，我来给您把酒倒，一杯敬您财源广，二杯敬您身体棒，三杯敬您好运到，吉星高照福满仓。”

6.“中秋到，喜鹊叫，好酒一喝好运到。”

7.“八月十五月正圆，祝福的话语说不完，敬您一杯中秋酒，每天开心乐悠悠。”

8.“中秋到，月儿亮，斟满酒杯把月赏，团团圆圆福安康。”

9.“中秋佳节，明月高悬，祝您福如东海，平安喜乐，如这中秋的满月，人生圆满，没有缺憾。”

10.“爸爸妈妈，这杯酒敬您二位，希望我们家像这月饼一样，团团圆圆，和和美美。”

二、敬亲友

在这金秋佳节，与亲友共聚首，我们不妨多准备几套小词儿，既要朗朗上口，又要风趣幽默，让欢声笑语伴随美酒，共度一个难忘的中秋夜晚。

1.“明月几时有，喝了这杯酒，上可乘风走，下可见琼楼，千里共婵娟，人也共长久。”

2.“人生得意须尽欢，中秋更要把酒干，喝了这杯人心快，烦心的事情都走开。”

3.“举杯邀明月，情在酒中满。”

4.“一杯敬月光，一杯敬我俩，月亮走，我也走，哥俩情谊永长久。”

5.“月圆人团圆，酒满福更满。”

6.“杯中酒，暖人心，日子越过越顺心。”

7.“曲中意，杯中酒，我们的情谊最长久。”

8.“月上柳梢头，美酒解千愁，干了这杯酒，情谊到永久。”

9.“今朝有酒今朝醉，明日愁来明日睡。趁着中秋好氛围，喝酒就要喝到位。”

10.“对酒当歌，人生几何。中秋月明，难得快活。”

三、敬领导

在向领导敬酒时，宜谨言慎行，避免言过其实。言辞间应着重表达敬意，切忌带有劝酒之意。将祝福之词提升至最高规格，以示尊重与祝愿。

1.“×总，值此中秋佳节，我敬您一杯，感谢您平日的言传身教，为我们指明方向。祝您和家人中秋快乐，万事胜意。”

2.“中秋佳节月儿明，美酒先敬我领导，感谢平日多关照，事业腾飞有依靠，有您带领我们跑，未来之路更辉煌。”

3.“中秋到，把酒倒，先敬领导都说好，祝您中秋没烦恼，工作顺利步步高，阖家欢乐幸福绕，身体健康永不老。”

重阳·但将酩酊酬佳节

《易经》中提到“九”为阳数，农历九月初九，日月并阳，两九相重，故而叫重阳，也叫重九。重阳节也是我国的传统节日之一，到了这天，人们登高望远，遍插茱萸，赏菊饮酒，寄托对健康长寿，辟邪消灾的祈愿，也表达对家人、亲友的挂念。

重阳之酒，亦孕育诸多佳句，王维诗云：“遥知兄弟登高处，遍插茱萸少一人。”杜牧吟：“江涵秋影雁初飞，与客携壶上翠微。”岑参叹：“强欲登高去，无人送酒来。”李清照咏：“东篱把酒黄昏后，有暗香盈袖。”借景抒情，亦借酒抒情，现代重阳祝酒词，宜借鉴古风，融入新意。

一、敬长辈

重阳节，亦称“敬老节”，是小辈向长辈传递关爱与敬意的绝佳时机。因此，得体且暖心的祝酒词显得尤为重要。

1.“重阳登高望远方，茱萸遍插满身旁，长辈恩情深似海，美酒一杯敬您来，愿您健康福满堂，幸福岁月长又长。”

2.“秋高气爽重阳日，美酒一杯敬尊长，愿您福寿共安康，笑口常开永吉祥。”

3.“九月九，重阳到，登高望，把酒倒，这杯美酒敬二老，健康快乐身边绕。”

4.“九月九，是重阳，敬老酒，要敬好，长辈们，辛苦了，喝杯酒，福运绕，身体棒，没烦恼，乐逍遥，直到老。”

5.“重阳佳节把远眺，美酒敬给父母尝，愿您二位身体好，阖家团圆真美好。”

6.“喝了这杯重阳酒，长辈精神肯定有，每天都能乐开口，福也有，财也有，生活越过越富有。”

7.“重阳敬酒不能少，祝福声声都送到，我来给您敬杯酒，祝您长寿又富有。”

8.“九月九，斟满酒，喝了这杯添福酒，岁岁年年长相守。”

9.“九月九，重阳酒，喝了这杯长寿酒，身体健康到白头。”

10.“重阳节，敬杯酒，祝愿长辈无忧愁。似青松，永不朽，健康长寿乐不休。儿孙绕，暖心头，幸福时刻天天有。”

二、敬亲友

重阳佳节，敬老之余，亦不忘亲友情谊。与亲友共饮美酒，畅谈人生理想，实为应景之至。酒可尽兴饮，话可敞开心扉说，平日里难以启齿的心里话，尽可融入祝酒词之中，让情谊在酒香中愈发醇厚。

1.“独在异乡为异客，兄弟好友都是亲，千金难买一场醉，喝完倒头咱就睡。”

2.“九月九，把山登，茱萸香插帽上头，菊酒一杯解千愁，岁月平安乐悠悠。”

3.“又是一年九月九，兄弟好友喝美酒，喝完杯中酒，好事啥都有。”

4.“秋风送爽又重阳，兄弟举杯诉衷肠，喝了一场又一场，情深义重比天长。”

5.“九九重阳节，有你在身边，酒满情意绵，梦想都实现。”

6.“九月九，喝美酒，喝了这杯重阳酒，天南海北任你走。”

7.“劝君再饮一杯酒，天涯海角是朋友。”

8.“各位兄弟请听好，重阳美酒不能少，想要生活没烦恼，一口干了好不好。”

9.“九月初九到重阳，共饮美酒聚一堂，谈天说地精神爽，未来的日子亮堂堂。”

10.“重阳到，把酒上，喝了这杯酒，心中自明朗，喝了这杯酒，招财又进宝。”

人生嘉礼篇

生日·且作人间长寿仙

在中国深厚的文化传统中，生日被视为极具意义的日子，它不仅标志着我们与这个世界初次的亲密邂逅，更是生命诞生、希望承载与代代延续的象征。每逢他人诞辰，我们总以祝福相赠：对年迈者，愿其健康长寿，福寿绵长；对孩童，盼其茁壮成长，快乐无忧；对青年，则常戏言“暴富”，对其寄寓事业有成的美好期许。

生日聚会，亦承载着独特的社交功能，成为亲朋好友情感交流的纽带。大家齐聚一堂，共庆喜悦，互赠祝福，情谊在欢声笑语中愈发深厚。若你即将出席他人的生日宴席，不妨借鉴以下针对不同角色的生日祝酒词，让你在送上祝福时，不再局限于“生日快乐”这样简单的表达，而是能够更加贴心、真挚地传递你的美好祝愿。

一、敬长辈

长辈的生日，历来被视为家庭中的重大庆典，尤其是如六十大寿、八十大寿这样的重要里程碑，更是备受重视。届时，兄弟姐妹、亲朋好友纷纷齐聚一堂，共同为长辈献上最美好的祝福。

1.“今天是爷爷/奶奶的生日，这杯酒祝您如月之恒，如日之升，福泽深厚，百岁无忧。”

2.“爷爷/奶奶，生辰快乐，这杯酒祝您福如东海，寿比南山，松鹤长春，安闲自在。”

3.“恭祝外公/外婆如松柏之茂，长青不老，如南山之寿，绵延无尽，愿您岁岁平安如意，笑口常开。”

4.“爸爸/妈妈，生辰喜乐，愿君千万岁，无岁不逢春。”

5.“旦逢良辰，顺颂时宜，这杯酒敬爸爸/妈妈，愿您事事无心绪，岁岁享太平。”

二、敬小辈

当小辈庆祝生日时，你的身份便悄然转变，成为给予祝福的长辈。在这特别的时刻，你可以满怀期盼与憧憬，为他们献上真挚的祝福，愿他们快乐无边、平安顺遂。让每一句祝愿都充满深情与智慧，成为他们成长路上的温暖指引。

1.“生日快乐，愿你有高飞的梦想，不受束缚，永远心怀热忱，奔赴未来的每一场山海。”

2.“宝贝，愿你像春日新芽，蓬勃生长，岁岁年年，快乐无忧。”

3.“祝你在新的一岁，如雄鹰展翅，自由翱翔。”

4.“祝你如春日嫩芽，夏日繁花，秋日硕果，冬日暖阳，岁岁喜乐，日日无忧。”

5.“生日快乐，愿你在新的一年，收获幸福，快乐每一天。”

三、敬亲友

步入亲友篇，氛围顿时轻松随意。若你文艺范儿十足，不妨送上充满诗意的祝福；若你性格跳脱，幽默诙谐的祝愿定能博得对方开怀一笑。在这亲密无间的圈子里，只要心意到位，祝福送达，朋友们自会心领神会，不会拘泥于细枝末节。

1.“生日快乐，愿你所行皆坦途，所遇皆温暖，所念皆所愿，未来皆可期，多喜乐，长安宁。”

2.“一岁一礼，一寸欢喜，一饮一啄，万事皆乐。”

3.“干了杯中酒，新岁皆如意，祝你年年有今日，岁岁有今朝。”

4.“一杯新岁酒，良辰吉日天天有，祝你今年十九，明年十八，后年还是一枝花。”

5.“祝你顺风顺水顺财神，寿山寿海寿长生，荣华富贵年年有，有钱有势有前程。”

四、敬领导

面对领导的生日，敬意与尊重不可或缺。你可以选择庄重而诚挚的祝福，表达对领导才能和辛勤工作的敬佩；也可以适度融入幽默元素，以轻松的方式展现你的敬意。但无论用何种方式，都要确保祝福得体、恰当，既彰显你的个人素养，又传递出对领导的真诚祝愿。

1.“祝您工作舒心，事业顺心，家人同心，朋友知心，生日快乐，天天开心。”

2.“祝领导今年千般皆如意，来年万事定称心。”

3.“祝愿您在新的一岁，岁岁欢愉，年年胜意，家庭美满，事业长虹。”

4.“领导，生日快乐！感谢您的悉心指导，愿您事业腾飞，健康幸福！”

结婚·琴瑟和鸣共白头

一、新人祝酒词

（一）敬长辈

1.“爸爸妈妈，这杯酒，敬您二位，谢谢你们的养育，谢谢你们的辛劳，也谢谢你们的爱，千言万语都在酒里，往后的日子，换我们来照顾你们，你们放心吧，儿子/女儿长大了，我们一定会相互扶持，努力生活的。”

2.“今天非常开心各位长辈能来见证我们的幸福，我们敬大家一杯，希望大家身体健康，万事如意。”

3.“各位长辈们，大家好。今天是我们的婚礼，我人生中所有的重大时刻都有你们的参与，真是太好了，我敬你们一杯，干了这杯酒，身体健康，幸福到永久。”

4.“我最亲爱的家人们，长辈们，今天我们一起经历了我的人生大事，谢谢大家见证我的幸福，感谢各位长辈一直以来对我的关爱和包容，帮助和支持。这杯酒敬你们，希望你们放心，也希望你们健康快乐。”

（二）敬亲友

1.“感谢各位能在百忙之中来参加我们的婚礼，见证我们的幸福时刻，我们先干为敬，大家吃好喝好。”

2.“兄弟们，喜酒一喝，喜事就有，大家该吃吃该喝喝，玩得高兴，吃得开心。”

3.“感情深，一口闷，感谢各位见证我最幸福的日子，人生大事我先交卷了，你们也抓紧哦！”

4.“大家都是我们幸福的见证者，你们今天能来，我们非常开心！话不多说，大家吃好喝好，玩得开心。”

（三）敬领导

1.“感谢领导能来参加我的婚礼，我们敬您一杯，祝您工作顺利，事事顺心，有照顾不周的地方还望海涵！”

2.“领导，我敬您，感谢您来参加我们的婚礼，薄酒一杯聊表心意，如果有怠慢的地方，还要请您多见谅。”

3.“× 总，感谢您百忙之中前来参加我们的婚礼，这样的日子里有您的祝福，我们一定会越走越好，也祝福您生活美满，事业顺利，招待不周，还请见谅。”

二、男方亲人祝酒词

1.“各位亲朋好友，中午好，今天是我儿子和儿媳的婚礼，感谢大家的到来，我敬各位一杯，大家吃好喝好，玩得尽兴。”

2.“尊敬的各位来宾，大家好！感谢各位的见证，让我儿子儿媳有了一个圆满的婚礼，我代表全家向大家表示最衷心的感谢。也祝愿两位新人白头到老，携手相伴，相互扶持，恩爱一生。祝愿大家身体健康，阖家幸福，干杯！”

3.“各位亲朋好友，谢谢大家能来参加两位孩子的婚礼。孩子们能相识、相知、相爱都是天大的缘分，我们能相聚在这里也是缘分。我代表长辈们祝福孩子们在往后的日子里，可以相互理解、相互包容，有福同享，患难与共。也祝福大家在往后的日子里，心想事成，财源广进，干杯！”

三、女方亲人祝酒词

1.“各位来宾，今天是我女儿女婿大喜的日子，感谢各位光临，见证他们的幸福时刻，见证两个大家庭的欢聚，也见证一个小家庭的诞生，希望两个孩子能够携手相伴，幸福一生。也祝福在场的每一位亲朋好友，这杯酒敬大家，祝各位身体健康，万事如意。”

2.“感谢各位亲朋好友来参加两个孩子的婚礼，见证他们的幸福。作为妈妈，能看见女儿找到可以相伴一生、值得托付的人，我很开心，也很放心，希望孩子们可以相互扶持，共同创造美好的生活。我敬大家一杯，谢谢大家的祝福，也祝福大家天天开心。”

3.“两姓联姻，一堂缔约，感谢各位亲友的见证，希望他们在未来的日子里，能够相伴相依，不离不弃。我代表女方家庭敬大家一杯，谢谢大家。”

四、宾客祝酒词

1.“恭喜恭喜，天赐良缘，永结同心。”

2.“干了这杯酒，祝二位相亲相爱到永久。”

3.“新婚快乐，琴瑟和鸣，比翼双飞。”

4.“美酒敬新人，祝二位从此相伴不相离，举案齐眉共进退。”

5.“十年修得同船渡，百年修得共枕眠，祝二位天长地久永结同心，海阔天空比翼齐飞。”

6.“佳偶天成，良缘喜结，天作之合，永结同心。”

7.“祝你们三餐四季，有情有义，彼此相守，爱意永久。”

8.“从青葱，到古稀，从擦肩，到携手，愿你们长长久久，幸福永久。”

9.“这杯酒祝你们情比金坚，永远幸福，快乐白头。”

10.“愿你们的婚姻，如夏日繁花，永不凋零，如潺潺溪水，绵延不绝。”

11.“第一杯祝你们甜甜蜜蜜，相约白首不分离；第二杯祝你们夫妻搭配，事业腾飞不停歇；第三杯祝你们心想事成，财运滚滚久久长。”

12.“祝你们两情长久，朝朝暮暮。”

13.“祝你快乐，祝你幸福，祝你们以后的生活，甜蜜美满。”

14.“祝你们往后余生，冷暖有人知，喜乐同分享，天大地大，一起去闯。”

15.“恭喜解锁人生新角色，开启新地图，刷图快乐哦！”

16.“祝愿你们在往后的日子里，有三餐四季，也有五湖四海。”

升学·金榜题名启新程

寒窗苦读数十载，一朝金榜题名时。在中国古代，人们会为取得功名的学子举办宴会，来庆祝他们学业有成，如“鹿鸣宴”就是为新科举子而设，像这样的古代宴会也可以看作是现代升学宴的前身。

升学宴作为一种喜庆的社交宴会，其主要目的是为了分享孩子们升学的喜悦，与此同时，它也兼具了家庭聚会和社交应酬的特点。既然是聚会和社交，就少不了酒桌应酬。端起酒杯，祝福的话就要说得漂亮，感谢的语言也须得诚恳。

一、主人公篇

作为升学宴的主角，酒可以不喝，但祝酒词一定不能少，学会以下几句，就能帮你成为谦逊有礼、大大方方的“别人家的孩子”。

（一）敬父母

1.“第一杯酒敬爸爸妈妈，谢谢你们的鼓励和支持，你们是我前进路上最坚实的后盾，我会带着你们的爱与期望踏上人生新的征途，我爱你们。”

2.“爸爸妈妈，这杯酒我敬你们，从小到大你们为我付出了太多太多，谢谢你们的爱护和包容，以后我会更加懂事，在学校我会努力学习，增长本领，成为你们的骄傲。”

3.“此杯敬父母，感恩之念，萦怀于心，我定当勤勉向学，不负亲恩，不负韶华。”

（二）敬老师

1.“谢谢老师，谢谢您的关心，您的耐心，您的鼓励和支持，您教会我的不仅是知识，更是人生的大道理，我会在新的学习阶段好好努力，不辜负您的期望。这杯酒敬您，祝您身体健康，工作顺利，阖家幸福。”

2.“师恩如海，千言万语说不尽，这杯酒承载着我全部的感激和敬爱，愿老师在未来的日子里，能少一些辛苦，多一些欢乐。”

3.“几载光阴，师恩难忘，感恩老师倾囊相授，如灯引航，如星照亮，正我言行，明我方向。这杯酒敬您，愿您身体康泰，杏坛流芳，桃李满天下。”

（三）敬亲友

1.“谢谢各位长辈平日里的谆谆教导和关心爱护，你们教会了我很多为人处世的道理。如今，我也是个小大人了，往后的日子里，一定牢记长辈们的教诲，不辜负大家的期望。这杯酒敬各位长辈，愿你们身体健康，生活幸福。”

2.“敬各位叔叔婶婶，姑姑舅舅，你们的鼓励、祝福和关心我都收到了，也祝各位长辈吃好睡好，身体健康，心情舒畅没烦恼，好运福气身边绕。”

3.“承蒙各位亲友厚爱，往日情谊，铭记于心，恩重情长，尽在不言中，敬各位。”

二、父母篇

作为父母，参加孩子的升学宴是心中无比骄傲与感慨的时刻。我们看着孩子一步步成长，如今终于迎来金榜题名的喜悦。在宴会上，我们满怀激动与祝福，愿孩子前程似锦，未来光明。每一句祝福都蕴含着我们对孩子的深深爱意与殷切期望，希望他们在新的学习阶段继续努力，实现自己的人生梦想。此刻，我们与亲朋好友共同分享这份喜悦，也为孩子即将开启新的篇章感到无比自豪和期待。

1.“各位亲朋好友，感谢大家在百忙之中抽空参加孩子的升学宴。这杯酒，我们敬大家，感谢大家的到来和祝福，愿在座的各位生活幸福，事业有成。”

2.“孩子的成长离不开大家的关心和帮助，感谢大家为孩子的升学宴增添了喜庆和温馨，这杯酒，我敬大家，愿我们的情谊长存，历久弥新，也祝愿孩子们都有一个美好的未来。”

3.“亲朋好友共聚一堂，阖家感激溢于言表，略备薄酒，敬诸位，既表感激之情，亦寓美好祝愿，愿诸位幸福安康，前路顺遂。”

三、老师篇

值此佳际，老师满怀真挚之情，为学生献上最诚挚的祝福。祝贺他们金榜题名，前程似锦，未来可期。每一句祝福都源自心底，旨在激励学生继续努力，再创辉煌。在这样的场合，师生情谊得以升华，共同见证着学子们迈向人生新篇章的辉煌时刻。

1.“新起点，新征程。老师愿你在未来的求学路上，继续扬帆起航，继续勇攀高峰，这杯酒，老师干了，祝你前路光明灿烂，未来一片坦途。”

2.“你的每一次进步都让老师感到非常骄傲，这杯酒，寄托了老师对你未来的期望和最美好的祝愿，未来的大门已经为你打开，勇敢去闯吧！”

3.“学如逆水行舟，愿你披荆斩棘，乘风破浪，以坚韧不拔之志，跨越书山学海，此酒，祝你鹏程万里，大展宏图。”

乔迁·华屋生辉迎瑞气

“乔迁”一词源于鸟儿们搬新家，从幽深的山谷迁至高大的树木上。“乔迁之喜”也成为祝福人们搬新家、迁新居的常用语。在中国人心目中，“家”是温暖的港湾，是无论走到何处都会深深怀念的地方。因此，国人对搬新家格外重视，对于许多人而言，搬家不仅是从一个地方转移到另一个地方，更是寄托了他们对生活的热爱和对未来的美好向往。

在搬新家之前，人们会精心挑选良辰吉日，依据黄历选择一个吉日进行乔迁，期望这样的好日子能为生活带来吉祥的兆头。随后，便是邀请亲朋好友前来暖房，大家欢聚一堂，既为新房增添了人气，也借此机会热闹一番，共进餐、共品酒，加深彼此的感情。在这种喜庆的场合，举杯之际，自然要说些吉祥的话语。作为主人，要向各位莅临的亲朋好友表达深深的感谢；作为客人，则要向乔迁的主人致以诚挚的祝贺。那么，如何说好乔迁的敬酒词，使其既得体又漂亮，让宾客开怀呢？

一、主人篇

乔迁之喜，乃人生一大乐事。我们特邀亲朋好友齐聚一堂，共同分享这份喜悦。各位宾朋欣然前来，为我们贺喜，这份深情厚谊，我们自然铭记于心。酒杯轻端，我们不仅要表达对来宾的诚挚感谢，更要分享此刻的喜悦心情。然而，在敬酒之际，切记保持谦逊，避免过分炫耀。可以借此机会展望未来，表达对生活的美好期许，同时分享自己的心情和感受，让这份喜悦更加深入人心。

1.“谢谢各位亲朋好友的到来，也谢谢大家为我贺喜，为新房增添人气和福气。房子虽小，但也是我的家，从此，万家灯火也有一盏是独属于我的了，一切辛苦都值得。希望以后，大家也可以常来家里坐一坐，大家吃好喝好，不要客气。”

2.“感谢各位光临寒舍，让小家蓬荜生辉，以后，这儿就是我的‘新据点’了，欢迎各位常来，一起创造更多的美好回忆，也谢谢大家一路的支持和帮助，我要在新家开启新生活了，也祝愿大家像新房子一样，焕然一新，烦恼清零。”

3.“感谢各位亲朋好友能来参加我的乔迁宴，为我暖房。感谢这么长时间大家对我的帮助，让我可以顺顺利利地搬家，这杯酒敬大家，大家吃好喝好，以后常聚。”

4.“我先敬大家一杯，感谢各位能来，你们是我想要在第一时间分享喜悦的人，今天，我终于搬新家了，虽然不是什么豪宅别墅，但因为各位的到来，让它显得格外温馨，希望大家以后有空也能常来聚聚。”

二、宾客篇

喜迁新居，是一件令人高兴的事，参加乔迁宴的我们也暂时放下手头的事、心里的事，祝福这位勤劳、善良的人在新家开启自己的新生活，顺带也沾沾主人的福气。不管怎么样，这时，可不要说一些丧气的话，房子大小不重要，漂不漂亮也不重要，重要的是在这里，会有新的美好的记忆被创造，所以，祝福的话说多少都不过分。

1.“新居迎新福，恭喜恭喜，祝你以后的日子，越过越红火。”

2.“恭喜你，喜迁新居，万事顺意。”

3.“新宅纳福，福泽深厚，德润新屋，瑞气盈门，祝你往后的日子，平安顺遂，无忧无虑。”

4.“莺迁乔木，新居焕彩，祝你以后的日子，家庭温馨，邻里和睦，生活顺心如意。”

5.“搬新家，喝新酒，祝你往后的日子幸福天天有。”

6.“喝了乔迁酒，新家啥都有，再喝一杯酒，福运相伴不用愁。”

7.“酒杯一拿，事业发达，酒杯一举，乔迁大喜。”

8.“乔迁之喜，恭喜恭喜，祝你门庭多福瑞，人杰地也灵。”

9.“喜入新宅，门迎百福，敬你一杯酒，祝你福宅安康，心想事成。”

10.“祝贺乔迁，愿你的生活温馨又甜蜜，往后的日子，顺遂无忧。”

满月·弥月之喜福泽绵

在中国古代，婴儿满月这天会举行满月仪式，有“洗儿”的仪式，意味着帮婴儿洗去“秽气”。也有“满月剃胎发”的仪式，父母会为婴儿剃发，并将胎发留作纪念，有留住福气的意思。除此之外，有些地方还有“拜神祭祖”的仪式。而现在，随着人们生活节奏的加快，很多相较烦琐的仪式被简化了，人们一般会邀请亲朋好友，为孩子举办满月酒，庆祝孩子满月。在孩子满月这天，父母会向大家正式介绍新生儿，共同分享孩子满月的喜悦。

满月酒是孩子真正意义上的第一次亮相、第一次与人群接触，是父母们向大家宣告新生命诞生的传统庆典，它意味着家庭延续和血脉传承。在满月酒上，大家为新生命送上祝福，祈求孩子平安健康，承载了长辈对晚辈的希冀。此外，这也是一次与亲友增进感情的机会，所以，掌握满月酒的祝福语，也是很有必要的。

一、主人篇

家中喜添新成员，作为父母，我们满怀幸福与期待。面对前来祝福的亲朋好友，我们既要分享喜悦、表达对孩子的美好期许，也要记得向亲朋好友深表感谢。

1.“欢迎大家来参加宝宝的满月宴，她叫 ×××，今天是小朋友和各位爷爷奶奶、叔叔阿姨、姑姑婶婶、哥哥姐姐们的第一次正式见面，希望宝宝以后能够给大家带来欢声笑语，也希望大家可以喜欢这个小姑娘。大家吃好喝好，随意一些。”

2.“感谢大家来参加孩子的满月酒，我们这个大家庭又增添了一员‘虎将’，初为人父/母，我们有太多不懂的地方，招待不周，还请大家见谅，最后也祝愿大家都能平安喜乐。”

3.“很开心大家来参加孩子的满月宴，我相信有各位长辈和哥哥姐姐的祝福，这个孩子一定能健康成长，快乐每一天，也祝愿大家一切都好，再次感谢！我敬大家一杯。”

4.“今天是我儿子的满月宴，感谢大家的捧场。在场的每一位亲人、每一位朋友都是我人生路上重要的人，以后也会成为孩子生命中重要的人，希望大家能和我们一起，陪伴孩子成长，敬大家，祝大家生活愉快，干杯！”

二、宾客篇

（一）长辈祝福

1.“祝孩子在往后的日子里，无病无灾，一生顺遂，无忧无虑，一世平安。”

2.“恭喜恭喜，喜添麟儿，祝小宝贝岁岁平安，时时喜乐。”

3.“宝贝满月了，祝小宝贝的成长之路顺遂通畅，人生如满月般圆满。”

4.“小朋友满月啦！希望孩子能健健康康长大，勇敢地去探索世界。”

5.“祝孩子一生无虞，长乐未央。”

（二）亲友祝福

1.“吉星高照添贵子，福气东来耀满门，恭喜恭喜，祝我的小外甥/外甥女/侄子/侄女，岁岁平安，日日欢喜。”

2.“喜添麟儿，福运临门，愿小宝贝幸福安康。”

3.“喜得千金/贵子，恭喜恭喜，愿宝宝平安健康，一生顺遂。”

4.“恭喜添丁进口，宝宝满月快乐，愿宝宝聪明伶俐，前程似锦。”

5. “恭喜恭喜，天赐石麟，喜得贵子。”

6. “添丁添福，可喜可贺。”

7. “满月快乐，祝宝宝福禄双全，幸福安康。”

8. “宝宝满月快乐，祝宝宝顺风顺水，人旺福旺。”

9. “恭喜满月，愿孩子余生健康无虞，平安喜乐。”

10. “小可爱满月啦！祝宝宝天天开心、天天健康，不慌不忙，慢慢长大。”

成人礼・十八而志显担当

在中国古代，男子行过冠礼，女子行过笄礼，象征着迈入成年，步入成年人的行列。这一传统礼仪在春秋战国时期备受推崇，是贵族子女必经的礼仪。随着近现代西方文化的融入，成人礼曾一度式微，但近年来，人们重新审视其价值，许多学校和地区会在孩子满十八岁时，为他们举办集体成人仪式。条件允许的家庭还会设宴邀请宾客，精心布置会场，为子女举办隆重的十八岁成人礼。

在中国，十八岁被普遍视为是成年的标志，是一个人从青涩迈向成熟的转折点，是人生旅程中的重要里程碑。在成人礼上，我们汇聚所有的美好祝愿，赠予这些即将步入社会的孩子们！

一、主人公篇

（一）敬长辈

1.“爸爸妈妈，这杯酒敬你们，成长的道路上有你们为我遮风挡雨，我才能无忧无虑地快乐成长。今天我十八岁了，也是一个成年人了，以后我会成为你们的依靠，为你们分忧，为你们解难，祝爸爸妈妈以后的日子里能轻轻松松、快快乐乐地度过每一天，我爱你们。”

2.“爷爷奶奶/姥姥姥爷，谢谢您二位一直以来对我的疼爱和包容，现在我长大了，以后也能成为你们的依靠，我不会辜负你们对我的期望的。这杯酒敬你们，祝你们身体健康，长命百岁。”

3.“叔叔婶婶/姑姑姑父，你们看着我长大，包容我，爱护我，谢谢你们的爱与教导，十八岁是一个新的起点，我会牢牢记住你们的教导，勇敢去探索这个世界。敬你们一杯，祝你们生活幸福，一切安好。”

4.“成年是成长的里程碑，谢谢各位长辈陪我一起度过这个特殊的日子，这一路走来，多亏了大家的陪伴，有你们在我身边，我感到非常幸福。祝大家平安喜乐，万事顺意！”

（二）敬老师

1.“师恩如海，感谢老师对我的悉心教导，您是我人生路上的引路人，往后的日子里，我会牢记教诲，努力前进，不辜负您的期望，祝您工作顺利，万事顺遂。”

2.“谢谢老师能来参加我的成人礼，回首成长路，您的关怀和鞭策是我前进的不屈动力。这杯敬您，感谢您的付出，也祝您天天开心，事业顺利。”

3.“成人立世，当谢师恩，谢谢老师为我传道授业解惑，教我成人之礼，立身之本。这杯敬您，愿您杏坛常青，桃李满天下。”

4.“老师，我敬您一杯，您如暗夜之烛，航行之塔，照亮我前进的道路。成人礼是我人生的新起点，我会谨记您的教诲，成为对社会有用的人，也祝愿您平安喜乐，生活充满阳光。”

（三）敬朋友

1.“干了这杯酒，天高海阔一起走。”

2.“未成年人禁止饮酒，我成年了我喝两口。”

3.“春和景明，青春万岁，干杯！”

4.“十八岁，以梦为马，干一杯，不负韶华。”

二、宾客篇

“须知少年凌云志，曾许人间第一流。”少年是朝阳，是希望，是热烈，是风华正茂。要用什么语言来祝福十八岁的少年们呢？用最张扬、最热烈、最朝气蓬勃的词祝福他们吧！

1.“十八岁，是成长的里程碑，祝你有梦可做，有路敢闯，怀揣热爱，奔赴山海，干杯！”

2.“成长不期而遇，十八如期而至，祝你前方有路，未来可期。”

3.“与世界交手的第十八年，愿你能够日日胜，年年胜。”

4.“祝你有勇敢的十八岁，快乐的十八岁，热烈而美好的十八岁。”

5.“成年亦乘风，少年不惧岁月长，且乘白云上九霄。”

6.“十八不是年年有，敬你一杯酒，纵马踏歌向前走。”

7.“十八而至，未来可期，一生顺遂，平安喜乐。”

8.“饮尽杯中酒，平步上青天。”

9.“少年自当扶摇上，揽星衔月逐日光。干杯！”

10.“恰同学少年，风华正茂。祝你携鸿鹄之志，踏遍平川。”

商务社交篇

商务宴会·商海扬帆谊作舟

商务宴会作为促进合作的重要场合，其核心目的在于通过增进彼此的信任和情感来推动合作进程。在这样的宴会上，酒桌交流不仅是礼仪的体现，更是双方相互考察的契机。因此，恰当运用祝酒词显得尤为关键。一句恰到好处的祝酒词，不仅能够展现个人的修养与智慧，还能有效拉近双方距离，为合作的顺利推进注入强劲动力。

一、敬合作伙伴

合作伙伴是我们在商海中并肩前行的同行者，给他们的祝酒词要体现出对合作的重视与对未来的期待。

1. “很荣幸能与贵公司携手共进，这杯酒敬您，愿我们在新的征程里，合作更加默契，成果更加丰硕，共同创造新的篇章。”

2.“× 总，一直以来，我们的合作都非常愉快，相信这次依然会非常顺利。这杯酒代表我以及公司的诚意，希望我们在接下来的合作中，优势互补，互利共赢，共同开创更加辉煌的明天！”

3.“× 总，非常感谢贵公司一直以来的支持与信任。这杯酒敬您，愿我们的合作如陈酿的美酒，越久越香醇，在商海的浪潮中，乘风破浪，一往无前！”

4.“× 总，能遇到您这样的合作伙伴，是我们的荣幸。这杯酒敬您，希望我们在新的一年里，继续保持紧密的合作，共同应对市场的挑战，把事业做大做强，让我们的事业腾飞。”

5.“感谢贵公司的选择，我们一定不会辜负贵公司的信任，我们会全力以赴做好这个项目，为双方创造利益最大化。这杯酒敬大家，愿我们的合作能够顺顺利利，提前预祝我们马到成功，干杯！”

6.“× 总，这杯酒敬您和您的团队，过去的合作中，我们共同克服了许多困难，取得了不错的成绩。相信在未来的合作中，我们也一定可以继续这种和谐的合作关系，实现互利共赢！”

7.“长久以来，贵公司的专业和诚信我们都有目共睹，我们一起完成了很多的项目，接受了很多的挑战，我们已经达成深度合作，荣辱与共。这杯酒敬各位，愿我们在商海的道路上，携手共进，创造更多的辉煌！”

8.“都说知己难求，在我看来，好的合作伙伴更是千金难买，我司愿意以最大的诚意合作，希望贵公司可以信任我们，支持我们的工作，这杯酒敬您，预祝我们合作顺利！”

9.“感谢贵公司一直以来的支持与配合，这杯酒敬各位合作伙伴，愿我们在新的一年里，合作更加顺利，共同打造行业典范！”

10.“×总，您放心，我们现在利益一致，只要双方全力以赴，就能合作共赢。这杯酒敬您和贵公司的全体同人。愿我们在未来的合作中，像齿轮一样紧密咬合，共同推动项目的顺利进行，实现双方的互利共赢！”

二、敬客户

客户是企业生存与发展的基石，给客户的祝酒词要表达出感激与尊重，以及对客户的美好祝福。

1.“×总，感谢您选择了我们公司，一直以来信任我们，大力支持我们的工作。这杯酒敬您，祝您在新的一年里，事业蒸蒸日上，财源广进，家庭幸福美满！”

2.“×姐，您是我们尊贵的客户，一直以来我都非常感谢您的信任，话不多说，情谊都在酒里，我敬您一杯。愿您年年十八，美貌如花，工作顺利，生活如意，身体健康，万事如意！”

3.“×总，感谢您选择我们公司的产品和服务。这杯酒敬您，您有任何需求都可以随时向我提，我们会为您提供最优质的服务，满足您的需求，为您的事业发展助力！”

4.“×哥，生意兴隆，我敬您一杯，感谢您对我们公司的认可与厚爱，对我工作的大力支持和帮助。接下来的日子，希望您继续选择我们公司，让我们能继续成为您事业发展的助力。”

5.“×总，您的支持是我们前进的动力。这杯酒敬您，祝您在新的一年里，生意兴隆，财源滚滚，心想事成！”

6.“×总，感谢您一直以来对我们公司的关照。这杯酒敬您，愿您在新的一年里，事业更上一层楼，生活幸福安康！”

7.“×总，您的信任是我们最大的财富。这杯酒敬您，祝您在新的一年里，一切顺利，家庭和睦，身体康健！”

8.“×总，感谢您一直以来的支持与合作。这杯酒敬您，愿您在以后的日子里，事业腾飞，生活美满，阖家欢乐！”

9.“×总，这杯酒敬您，感谢您对我们公司的支持与信任。还要感谢你为我们做出的免费宣传，今后有任何需求，请随时向我提，我一定竭尽全力让您满意。”

10.“×总，感谢您选择我们公司，这杯酒敬您。愿您在新的一年里，工作顺心，生活愉快，财富不断增长！”

三、敬上司

上司是团队的核心，给上司的祝酒词要表达出尊重与感激，以及对领导的美好祝愿。

1.“×总，感谢您一直以来对我的关心与指导。这杯酒敬您，祝您在新的一年里，事业蒸蒸日上，家庭幸福美满，身体健康，万事如意！”

2.“×总，您的领导让我们团队不断进步，这杯酒敬您，感谢您的辛勤付出。愿您在新的一年里，工作顺利，一切称心如意！”

3.“×总，您是我们学习的榜样，这杯酒敬您，感谢您对我们的信任与支持。愿您在新的一年里，事业更上一层楼，生活幸福安康！”

4.“×总，感谢您一直以来的领导与帮助。这杯酒敬您，祝您在新的一年里，事业腾飞，财源广进，家庭和睦！”

5.“×总，您的智慧和决策让我们团队不断取得成功，这杯酒敬您，感谢您的辛勤付出。愿您在新的一年里，工作顺利，身体健康，心情愉快！”

6.“×总，感谢您一直以来对我们的关怀与支持。这杯酒敬您，祝您在新的一年里，事业腾飞，家庭幸福，一切都好！”

7.“×总，您的领导能力让我们深感敬佩，您一直是我学习的榜样，这杯酒敬您，感谢您的信任与指导。祝您事业顺利，步步高升。”

8.“×总，感谢您一直以来的带领与鼓励。这杯酒敬您，祝您在新的一年里，工作顺利，身体健康，万事如意！”

9.“×总，您是我们团队的主心骨，这杯酒敬您，感谢您的辛勤付出。愿您在新的一年里，事业蒸蒸日上，扶摇万里；生活美满顺遂，福泽绵长！”

在商务宴会上，恰当的祝酒词能够为你的商务交流加分不少。希望这些祝酒词能够帮助你在商务场合中更加游刃有余，让商海扬帆的道路更加顺畅。

商务洽谈·合作共赢谱新篇

商务洽谈，作为商业合作的核心环节，是双方交流观点、碰撞思想、探寻合作契机、细化合作细节的重要时刻。在此过程中，既要保持头脑的清醒，以精准把握谈判方向；又要巧妙缓和紧张的洽谈氛围，营造轻松愉悦的交流环境。此时，轻轻端起酒杯，伴以恰当而精妙的祝酒词，便能瞬间破冰，拉近双方距离，进一步加深彼此的了解与信任。这样的“一紧一松”，不仅为紧绷的神经提供了片刻的舒缓，更为合作的顺利推进奠定了坚实的基础。

一、敬合作伙伴

1.“今天能与贵公司坐下来进行商务洽谈，是我们的荣幸。这杯酒敬各位，希望我们能在接下来的交流中，坦诚相待，充分发挥各自的优势，一起开创合作共赢的新局面，携手谱写商业发展的新篇章！”

2.“×总，贵公司在行业内的实力和口碑有目共睹。这杯酒敬您，期待我们在这次洽谈中，能找到更多的合作契合点，共同把握市场机遇，实现互利共赢的目标，在未来的商业道路上并肩前行！”

3.“×总，很感谢贵公司给予我们这次洽谈的机会。这杯酒敬大家，希望我们在接下来的时间里，能够深入沟通，达成共识，让合作的种子在这次洽谈中生根发芽，茁壮成长，为我们带来丰硕的成果！”

4.“×公司的业务能力我们非常信任，我们早就想与贵公司进行一次深度合作，所以对这次合作洽谈充满了期待。这杯酒先敬各位合作伙伴，希望我们在谈合作时可以畅所欲言，不要有所保留，相互理解，相互支持，为实现合作共赢的目标而共同努力！”

5.“合作是在双方彼此信任的基础上建立的，首先我要感谢贵公司一直以来对我们的关注和信任，贵公司诚意十足，我司也会回报同样的信任和诚意。这杯酒敬大家，希望通过这次洽谈，我们能够建立更加紧密的合作关系，优势互补，共同应对市场的挑战，开启合作的新篇章！”

6.“×总，这杯酒敬您和贵公司的团队。我们相信，通过这次洽谈，我们能够找到合作的最佳方式，实现资源共享，达到利益最大化，共同在商海中乘风破浪，驶向成功的彼岸！”

7.“贵公司的专业精神和创新理念让我们非常钦佩。这杯酒敬各位，希望我们在这次洽谈中，能够擦出合作的火花，共同探索新的商业机会，为行业的发展贡献我们的力量！”

8.“在这个充满竞争的商业环境中，能有机会与贵公司进行洽谈合作，是我们的福气。这杯酒敬您，愿我们在洽谈中能顺利达成共识，携手共进，共同打造合作的典范，实现互利共赢的美好愿景！”

9.“感谢贵公司为这次洽谈所做的努力和准备。这杯酒敬各位合作伙伴，希望我们在洽谈过程中，能够充分发挥团队的智慧和力量，找到最佳的合作方案，为双方带来更高的价值！”

10.“× 总，这杯酒敬您和贵公司的全体同人。期待我们在这次洽谈中，能够达成深度合作，携手开拓市场，提升品牌影响力，实现合作共赢的新跨越！”

二、敬客户

1.“× 总，感谢您百忙之中抽空参加这次宴会。这杯酒敬您，感谢您对我们工作的大力支持，我们强烈希望您能继续选择我们，继续深度合作。为了给您提供更优质的产品和服务，根据您的需求，我们为您量身定制了新的方案，希望可以对您有所帮助，助力您的事业更上一层楼！”

2.“× 总，您是我们非常重要的客户，您的需求和想法我们一直都非常关注和重视，这杯酒代表我们对您的感激之情。相信经过交流和调整，我们一定能做出让您满意的方案，满足您的需求，为您的事业发展增添动力，实现我们双方的共同目标！”

3.“× 总，感谢您对我们公司的关注和认可。这杯酒敬您，随后我们会根据您的想法和需求，进一步细化方案，为您量身定制最适合您的产品和服务，让您的投资得到最大的回报！”

4.“× 总，这杯酒敬您，感谢您一直以来对我们公司的支持和厚爱。希望通过这次洽谈，我们能够进一步加深彼此之间的了解和信任，我司也会为您提供更贴心的服务，成为您事业发展的可靠伙伴！”

5.“× 总，您的支持是我们前进的动力。这杯酒敬您，希望在这次洽谈中，我们能够为您提供更专业、更高效的服务，解决您的问题，满足您的需求，为您的事业保驾护航！”

6.“× 总，感谢您一直以来对我们公司的关照。这杯酒敬您，希望在这次洽谈中，我们能够为您提供更多的价值，帮助您取得更大的商业成功，也让我们的合作关系更加稳固和长久！”

7.“× 总，您的信任是我们宝贵的财富。这杯酒敬您，希望在这次洽谈中，我们能够与您达成共识，为您提供最优质的产品和服务，让您的事业蒸蒸日上！”

8.“× 总，感谢您一直以来的支持与合作。这杯酒敬您，希望通过这次洽谈，我们能够为您提供更全面、更优质的解决方案，满足您的多样化需求，为您的事业发展创造更多的机会！”

9.“× 总，这杯酒敬您，感谢您对我们公司的支持与信任。希望在这次洽谈中，我们能够与您建立更密切的合作关系，为您提供更个性化的服务，成为您事业发展的得力助手！”

10.“× 总，感谢您选择我们公司进行这次洽谈。这杯酒敬您，希望在这次洽谈中，我们能够为您提供最满意的方案，实现您的目标，让我们的合作成为行业的典范！”

三、洽谈通用敬酒词

1.“春风入门来，和气又生财，祝我们合作愉快。”

2.“酒倒一半，福气不断。酒倒七分，情留三分。”

3.“酒逢知己千杯少，预祝我们合作顺利。”

4.“祝您事业圆满成功，祝各位都成功。”

5.“愿你马不停蹄，奔腾前进！”

6.“一杯金，二杯银，三杯喝个聚宝盆，您看，这金银都有了，这第四杯该入库了吧。”

7.“一杯不成敬意，合作需要双方共同努力。愿我们携手共进，共创佳绩！”

8.“祝您福气常有，财源滚滚，好运常伴左右。”

9.“量小非君子，喝酒见真情，愿我们的情谊长存。”

10.“鱼得水而活跃，酒得君子更香。”

在商务洽谈的宴会上，这些祝酒词既体现了对对方的尊重和祝福，又巧妙地融入了合作共赢的理念，有助于营造轻松愉快的洽谈氛围，拉近彼此距离，为合作的成功奠定坚实基础。

庆典活动·盛典同贺业永昌

庆典活动是企业发展进程中的高光时刻，汇聚了各方的关注与支持。在这样的场合，不同身份的人通过祝酒词来表达对企业的祝福与期许，进一步增进彼此之间的情谊，为企业的未来发展注入新的活力。

一、经理致辞

1.“亲爱的各位同人、合作伙伴和现场的朋友们，欢迎大家的到来。今天，我们欢聚一堂，共同庆祝我司成立三周年。在此，我谨代表公司，向每一位为公司发展付出努力的伙伴表示衷心的感谢！请大家共同举杯，敬自己，敬事业，敬未来。你们见证了公司的过去，创造着公司的现在和将来，是你们的拼搏与奉献，铸就了公司今日的辉煌。未来的日子里，让我们继续携手共进，开拓创新，向着更高的目标迈进，让公司的事业如日中天，更上一层楼！”

2.“各位来宾，各位同人，大家下午好，感谢大家的光临，和我们共同见证这个意义非凡的时刻。公司能走到今天，离不开每一位员工的辛勤付出，也离不开合作伙伴的大力支持。这杯酒，我敬全体员工，敬各位合作伙伴，敬每一位信任我们的客户朋友，没有你们，就没有公司的今天。在接下来的日子里，希望我们能够继续拧成一股绳，共创更加美好的明天，让公司的事业蒸蒸日上，让大家离梦想中的生活越来越近。”

3.“今天，我们迎来了公司的庆典活动，这是一个值得铭记的时刻。我要感谢每一位在公司成长道路上默默奉献的员工，你们是公司最宝贵的财富。同时，也要感谢一直以来支持我们的供应商、客户和各界朋友。这杯酒，敬大家！请各位和我共同举杯，愿我们在未来的征程中，继续团结协作，不断创新，追求卓越，让公司的事业更加繁荣昌盛，成为行业的标杆，干杯！”

二、合作伙伴敬酒

1.“亲爱的朋友们，非常荣幸能够受邀参加贵公司的庆典活动。作为贵公司的供应商，我们见证了贵公司的飞速发展与所取得的辉煌成就。这杯酒，我敬贵公司的全体员工，是你们的努力与拼搏，让公司在市场中脱颖而出。也感谢贵公司一直以来对我们的信任与支持，希望在未来的日子里，我们能够保持良好的合作关系，携手共进，为贵公司的发展贡献力量，祝愿贵公司的事业蒸蒸日上，更上一层楼！”

2.“各位嘉宾，大家好！在这个喜庆的日子里，我谨代表我们供应商团队，向贵公司表示最热烈的祝贺！贵公司在行业内的影响力与日俱增，我们非常荣幸能够成为贵公司合作链条中的一环。这杯酒，敬贵公司的领导和全体员工，感谢你们给予我们的支持与合作机会。我们也会不断提升产品质量和服务水平，希望在未来的合作中，为贵公司的发展提供更有力的保障，共同开创更加美好的未来，祝愿贵公司的事业红红火火，一帆风顺！”

3.“今天，能够参加贵公司的庆典活动，我深感荣幸。贵公司一直以来都是我们非常重视的合作伙伴，我们也十分欣赏贵公司的企业文化和发展理念。这杯酒，敬贵公司的每一位成员，感谢你们一直以来的支持与信任。在未来的日子里，我们将一如既往地为贵公司提供优质的产品和服务，与贵公司携手共进，积极应对市场的挑战，祝愿贵公司的事业蓬勃发展，再创佳绩！”

三、行业嘉宾敬酒

1.“亲爱的朋友们，大家好！能够参加贵公司的庆典活动，我倍感荣幸。感谢贵公司的精心准备和热情邀请，同时，也向在座各位致以诚挚的敬意——正是大家的智慧、努力和坚守，我们的行业才能不断突破，迈向新的高度。祝贵公司蓬勃发展，基业长青，也希望接下来我们能继续秉持合作共赢的理念，书写行业的崭新篇章。”

2.“各位嘉宾，大家好！今天，我非常高兴能来到这里和大家共同见证贵公司的庆典活动。贵公司在行业内的影响力与日俱增，你们的成功经验值得我们每一个企业学习。这杯酒，我敬贵公司的领导和全体员工，感谢你们为行业的发展做出的贡献。希望在未来的日子里，我们能够加强交流与合作，共同推动行业的发展。祝愿贵公司的事业更加繁荣昌盛，再创辉煌！”

3.“在这个喜庆的日子里，我谨代表行业同人，向贵公司表示最热烈的祝贺！贵公司一直以来都以卓越的品质和优质的服务，赢得了市场的认可和客户的信赖。这杯酒，我敬贵公司的全体员工，感谢你们为行业树立了良好的榜样。相信贵公司在未来的发展中，能够继续保持创新精神，不断提升核心竞争力，为行业的发展注入新的活力。祝愿贵公司的事业蒸蒸日上，一帆风顺！”

四、员工通用祝酒词

1.“在这个充满喜悦和希望的庆典活动中，让我们共同举杯，为公司的光明前景送上祝福，为我们的诚挚友谊干杯！愿公司的事业在未来的日子里永远繁荣昌盛！”

2.“愿我们的每一杯酒都能传递出最真挚的祝福，每一次交流都能增进彼此的情谊，共同为我们的事业发展注入新的活力。”

公司年会·携手奋进绽芳华

公司年会是一个公司一年中最重要的团聚时刻，公司就像一个大家庭，要实现共同的目标，强大的凝聚力是不可或缺的。而公司年会正是发挥这一作用的关键场合，它不仅是对过去一年辛勤付出的总结，也是对新一年的展望与期许，更重要的是借助这个机会，将大家团结在一起，让员工对公司产生归属感和认同感，也增进同事之间的感情。在这个充满欢乐与希望的聚会上，祝酒词与酒结合，可以帮领导激励下属，帮员工获得领导赏识，帮老员工寻求自我，帮新员工融入集体。合适的祝酒词，也能够让年会的氛围更加热烈，为过去画上圆满的句号，给未来开启崭新的篇章。

一、敬领导

1.“领导带得好，业绩往上飙，前路超顺畅，继续创辉煌。”

2.“领导决策棒，公司一路旺，身体超健康，未来更闪亮。”

3.“领导能力强，团队超兴旺，业绩直上涨，咱也跟着强。”

4.“一杯两杯漱漱口，三杯四杯跟上走，五杯六杯算个啥，就当领导刷刷牙。”

5.“天上下雨地上流，领导喝酒要带头。”

6.“领导眼光妙，公司发展棒，万事皆美好，创新步步高。”

7.“领导上班很辛苦，喝杯美酒补一补。”

8.“领导上班多疲惫，喝杯美酒缓劳累。”

9.“穿西服，打领带，这里就属您最帅。”

10.“领导指导好，团队没烦恼，跟着向前跑，佳绩创新高。”

11.“领导领导喝杯酒，金钱富贵全拥有。”

12.“领导格局大，跟您闯天下，资源全拿下，前景美如画。”

二、敬部门同事

1.“伙伴齐努力，难题全倒地，团结再发力，光彩绽四季。”

2.“团结力量大，未来美如画，一起加把劲，明天顶呱呱。”

3.“酒倒七分满，情留十分真。这杯酒恭祝大家亲情、友情、爱情，情情如意；官运、财运、桃花运，运运通达。”

4.“大家共同举杯，可谓酒美人美情更美，话满酒满幸福美满。”

5.“杯中酒满，笑声盈耳，此刻欢聚，共创辉煌篇章。”

6.“各位齐发力，公司创佳绩。新的一年，希望我们携手共进，一起迎接挑战，做大做强，共创辉煌！”

三、敬跨部门合作同事

1.“合作力量强，难题全扫光。新的一年，希望我们保持步调一致，互相扶持，共创佳绩！”

2.“跨部门的兄弟姐妹们，过去一年咱们在合作中既建立了友谊，又取得了好成绩！这杯酒敬大家，感谢你们的信任。合作友谊长，成绩响当当，创新又敢闯，未来更风光。”

3.“过去一年咱们为了同一目标努力，配合默契，让工作顺利进行！这杯酒敬大家，怀念与大家携手共进的日子，未来也要一起努力，一起完成挑战。”

4.“有福同享，有难同当，你行你上，我行我上，合作不忘，辉煌共创。”

5.“部门合作好，目标追着跑，配合超高效，成绩节节高。”

四、敬公司新人

1.“新人初登场，活力放光芒，融入超顺畅，未来超有样。”

2.“新人能力真挺强，潜力那是无限量，成长路上不迷茫，未来必定放光芒。”

3.“新伙伴们，你们就像初升的太阳，给公司带来了蓬勃朝气。愿你们在工作中不断学习成长，快速融入团队，把自己的热情都尽情释放出来，为公司注入新的活力，干杯！”

4.“新同事们，公司因你们的加入而更加精彩！在接下来的工作中，愿你们能快速适应，尽情施展自己的才华，实现自己的价值。”

5.“欢迎新伙伴们踏入公司的大门！在未来的日子里，大家携手共进，遇到困难别害怕，我们一起面对。让我们举杯，为了美好的未来，干杯！”

人际欢聚篇

朋友聚会·酒逢知己千杯少

在繁忙的都市生活中，朋友聚会是难得的放松时刻。酒逢知己千杯少，一场愉快的朋友聚会，不仅能够加深联系、增进感情，还能为生活增添色彩。掌握朋友聚会时的礼仪与技巧，能让每次相聚都成为美好回忆；而一段恰如其分的祝酒词，往往能为这场聚会画上动人的点睛之笔。

一、敬同窗好友

1.“老同学，好久不见！曾经课堂上打闹的情景依稀在眼前，就用这杯酒敬我们回不去却难忘的青春，干杯！”

2.“一起为考试熬夜的日子记忆犹新，敬我们共同奋斗的岁月，敬我们坚固如旧的友谊，干杯！”

3.“老同学，毕业照上的笑容依旧灿烂，这杯酒敬我们的校园时光，愿回忆永不褪色，干杯！”

4.“那些一起分享心事的夜晚太珍贵，敬我们的同窗情，以后常联系，干杯！”

5.“老同学，你对我的鼓励还萦绕在耳边，这杯敬我们共同挥洒过的汗水和泪水，友谊长存，干杯！”

6.“聚会畅饮乐无边,友谊长存心相连。”

7.“杯中酒，情意浓，聚会言欢乐融融；愿君幸福常相伴，事业有成步步高。”

二、敬发小玩伴

1.“兄弟们，还记得小时候一起摘果子的事吗？这杯敬我们的童年趣事，快乐永相随，干杯！”

2.“一起下河摸鱼的夏天超难忘，敬我们纯真无邪的童年，友谊万岁，干杯！”

3.“兄弟们，一起长大的日子最温暖，这杯敬我们相伴的时光，希望未来也能一直相伴，干杯！”

4.“人生不过百来年，我们彼此走过大半程，一起闯祸一起挨骂的经历太珍贵，敬我们的年少情谊，干杯！”

5.“一起幻想未来的日子很美好，这杯敬我们的梦想，友谊地久天长，干杯！”

6.“酒逢知己千杯少，情到浓时万盏空；聚会痛饮庆相逢，畅谈往事乐无穷。”

7.“我们欢聚一堂，举杯同庆，愿友谊长存,年年有今日，岁岁有今朝。”

三、敬职场挚友

1.“那些共同度过的加班夜晚难以忘怀，为我们的并肩作战干杯，未来也继续携手前行。干杯！”

2.“同事们，工作中的相互扶持让人倍感温暖，让我们为这份职场友谊举杯，愿我们的事业蓬勃发展！”

3.“一起攻克难题的时光太珍贵，敬我们的合作情谊，祝业绩节节高，干杯！”

4.“一起分享工作经验的日子很有意义，这杯敬我们的成长，友谊长青，干杯！”

5.“大伙儿一起倒苦水吐槽的时刻真是超级解压，为了我们这份心照不宣的默契，干杯！”

6.“酒杯一端，你我尽欢，你一杯我一杯，喝得脸上红霞飞。”

7.“大家举杯欢庆，共祝未来更辉煌。好酒不贪杯，微醺胜买醉。”

四、敬兴趣同好

1.“无人理解的日子里有你们的陪伴是我的幸运，这杯敬大家的陪伴和我们的热爱，愿热情永不熄灭，干杯！”

2.“和大家一起参加活动的时光真的很开心，敬我们的同好情谊，快乐常相伴，干杯！”

3.“一起钻研爱好的日子多么充实，这杯敬我们的追求，友谊长存，干杯！”

4.“彼此分享心得的时刻弥足珍贵，让我们为我们的共同话题干杯，期待不久后的再次相聚，干杯！”

5.“那些因共同爱好而激情燃烧的日子，是如此难以磨灭。让我们举杯，为这份热爱干杯，愿快乐永远延续。”

6.“酒杯一举乐无边,朋友相聚笑声连,祝福频频心意暖,聚会欢乐记心间。”

7.“美酒飘香情意长,欢声笑语聚一堂,举杯同庆好时光,友谊地久又天长。”

联谊活动·新朋旧友共欢颜

在快节奏的现代生活中，联谊活动为人们提供了拓展社交圈、增进感情的机会。新朋旧友齐聚一堂，在欢声笑语中拉近彼此的距离。一场成功的联谊活动，不仅能够丰富生活，还能为未来发展创造机遇，说不定还能遇到携手共度人生的伙伴。一段真挚的祝酒词，正是打开心扉的钥匙，让新知与故交在举杯相邀间结下更深厚的情谊。

一、敬初相识的朋友

1.“初次见面，这杯敬咱们的缘分，愿之后相处愉快，共展欢颜，干杯！”

2.“茫茫人海，相聚即有缘，敬这份奇妙相遇，敬我们对生活的热情，也敬我们的友谊，共同欢呼，干杯！”

3.“能在这联谊活动中结识你们真好，这杯敬各位新伙伴，快乐常相伴，干杯！”

4.“缘分让我们相聚，敬这崭新的相识，愿给彼此留下美好回忆，干杯！”

5.“能在这个活动中与大家相识，我感到非常幸运。让我们为新建立的友谊干杯，共同开启这段欢乐的时光！”

6.“酒满杯中情意浓，举杯共饮不言中。”

二、敬许久未见的旧友

1.“好久不见！这杯敬我们的久别重逢，愿以后常相聚、共欢笑，干杯！”

2.“老朋友，再次相聚太难得，敬我们不变的情谊，时光不老，我们不散，干杯！”

3.“在分离的时光里，我时常怀念。这杯酒，为我们的往昔干杯。期待未来我们能创造更多美好。敬未来！”

4.“老伙计们，又见面啦！敬我们一路相伴的岁月，愿欢乐永相随，干杯！”

5.“这杯敬我们的友情，愿每次相见都如初见般美好，干杯！”

6.“酒逢知己话投机，聚会良辰莫相违。”

三、敬全体新朋旧友

1.“新朋旧友相聚，非常开心，这杯敬我们的缘分，愿大家笑口常开，干杯！”

2.“各位朋友，不管新朋还是旧友，敬这难得的相聚，愿未来情谊更深厚，干杯！”

3.“这联谊活动让我们相聚，敬这美好的时刻，欢乐永不停，干杯！”

4.“朋友们，能在这次聚会中相遇是难得的缘分，让我们举杯庆祝这难得的相聚时刻，愿快乐永远与我们同在！”

5.“举杯邀月共婵娟，好友相聚庆团圆，祝福声声传千里，美酒佳肴乐无边。”

6.“情到浓时杯莫停，共饮一杯乐无边。”

7.“酒满杯，情更浓，聚会欢乐在心中。”

8.“举杯共饮笑声中，友谊之树常青葱。”

9.“杯中酒，祝福深，愿你我，情永存。”

10.“海内存知己，天涯若比邻。相逢一杯酒，能解千万愁。”

社团活动·志合心齐乐无穷

在社团活动中，志同道合的朋友共同追求理想，分享快乐。一场成功的社团活动，不仅能够增进成员之间的感情，还能为社团发展注入活力。在社团成员共聚的时刻，一段得体的祝酒词，既能活跃活动气氛，又能凝聚团队共识。

一、运动类社团

（一）敬新成员

1.“生命不止，运动不息，生命因为运动而活跃，大家因为热爱而齐聚！这杯酒敬大家，愿我们都能突破自我，在赛场上取得理想的成绩，朋友们，干杯！”

2.“朋友们，缘分让我们相聚在这里，以后的日子里，我们会在这片土地上挥洒汗水，不断成长。我敬大家一杯，希望在这段全新的旅程里，我们可以互相鼓励，互相督促，成为更好的自己。”

3.“各位新成员，欢迎加入运动社团，在这里你们将踏上新征程。我们有相同的爱好，我们向着同一个目标前进，加油吧，未来将由我们谱写！我敬大家一杯，希望大家铆足了劲儿向前冲，共同奋斗，挥洒汗水，干杯！”

4.“朋友们，来到这里我们就是一家人，敬我们对运动的执着和对生命的热爱，干杯！”

5.“新成员们，运动社团因你们而更有活力，这杯敬新的友谊，愿大家在运动中实现目标，快乐常伴，干杯！”

（二）敬老成员

1.“亲爱的朋友们，并肩作战的时光令人难忘，这杯酒敬我们共同的赛场回忆，愿我们未来继续携手，勇攀高峰，干杯！”

2.“伙伴们，感谢你们对运动的坚守，敬我们的社团情谊，往后志合心齐，再创佳绩，干杯！

3.“朋友们，你们都是社团元老，我们一起走过无数个日日夜夜，这杯敬我们的运动岁月，愿社团的明天更加灿烂，愿在社团的日子其乐无穷，干杯！”

4.“朋友们，再次相聚令人无比欣喜，我敬大家一杯，敬我们在运动中收获的成长，愿我们携手并进，共同迈向美好的未来，干杯！”

（三）敬全体成员

1.“家人们，我们能聚在一起不容易，我们因为运动结缘，成为携手共进的伙伴，也成了无话不谈的朋友。这杯敬我们的缘分，愿大家能够不忘初心，为了自己的梦想继续奋斗。”

2.“伙伴们，我们的社团因你们而精彩，运动带给我们激情和力量，你们带给我对生活的热爱，这杯酒敬我们共同的热爱，祝大家开心运动、快乐运动。”

3.“全体成员们，何其有幸与大家在运动社团相聚，敬我们的社团时光，让我们一起创造更多荣耀，干杯！”

4.“成员们，感谢你们的拼搏付出，这杯敬我们的社团情谊，愿大家在社团继续发光发热，干杯！”

二、文艺类社团

（一）敬新成员

1.“朋友们，我们因热爱文艺而相聚在这里，我敬大家一杯，敬大家的才华，敬我们的缘分，愿我们都能在热爱的领域里绽放光芒，实现自己的梦想，干杯！”

2.“新成员们，是缘分让我们在文艺社团相遇，共同开启这段全新的艺术之旅。让我们携手用作品感动人心，为我们的共同愿景干杯！”

3.“各位新伙伴，加入文艺社团就是新起点，这杯敬我们的艺术之缘，愿创作之路充满灵感，干杯！”

4.“新朋友们，来到文艺社团，我们就是一家人，敬我们对艺术的追求，在社团里相互切磋，其乐无穷，干杯！”

5.“新成员们，你们的到来为文艺社团注入了新的活力。让我们共同举杯，为这份新的友谊干杯！愿每个人都能在艺术的道路上实现自己的梦想，快乐相伴，一路前行。”

（二）敬老成员

1.“老伙计们，在这个充满欢声笑语的时刻，我们齐聚一堂，共同庆祝我们社团取得的成绩。今晚，我们不仅是在庆祝过去，还是在展望美好灿烂的未来，干杯！”

2.“老成员们，是你们用汗水和智慧，为我们的社团奠定了坚实的基础。你们的才华和热情，如星辰般璀璨，往后我们继续志合心齐，争取佳作频出，干杯！”

3.“社团元老们，感谢你们的付出，感谢你们的坚持，感谢你们为社团所做的一切，干杯！”

4.“老伙伴们，你们的每一次创作，都让我们的社团活动更加丰富多彩。你们是我们的骄傲，干杯！”

5.“老成员们，让我们共同举杯，为你们的过去喝彩，为你们的未来祝福。愿你们在人生的舞台上，继续演绎精彩、绽放光芒，干杯！”

（三）敬全体成员

1.“亲爱的文艺社团成员们，今天能与大家欢聚一堂，我感到非常高兴。愿我们心往一处想、劲往一处使，共同创作更多美好的作品，让文艺的光芒照亮我们的前行之路，干杯！”

2.“各位成员，我们因文艺而结缘，因热爱而相聚。让我们携手共进，用我们的才华和热情，为这个世界增添更多的美好和感动。这杯酒，敬我们的文艺梦想，干杯！”

3.“社团伙伴们，文艺社团因我们而精彩，让我们共同举杯，为这份对文艺的坚持和热爱干杯！”

4.“全体成员们，能够相聚在文艺社团是我们每一个人的幸运，敬我们一起度过的社团时光，往后一起创造更多美好，干杯！”

5.“社团家人们，这杯敬我们的相聚，愿文艺之花在我们心中永远绽放，愿我们的友谊如同文艺作品般永恒，干杯！让我们携手并肩，在文艺的道路上继续前行，共同书写属于我们的精彩篇章。”

三、学术类社团

（一）敬新成员

1.“新伙伴们，大家因热爱学术而相聚社团，这杯敬大家的求知欲，愿大家在学术的海洋里畅游，干杯！”

2.“新成员们，缘分让我们共聚学术社团，敬这全新的学习旅程，以后大家一起在知识中成长，干杯！”

3.“各位新伙伴，加入学术社团意味着一段新旅程的开始，让我们为这份学术之缘举杯，愿社团活动充满收获与欢乐，干杯！”

4.“新成员们，欢迎加入学术社团这个大家庭，让我们在这里携手前行，共同追求知识的深度与广度，共同体验成长的喜悦，敬我们的友谊与未来，干杯！”

（二）敬老成员

1.“亲爱的朋友们，一路走来，学术研究的旅程令人难忘。这杯酒敬我们的学术回忆，愿我们未来携手并进，勇攀知识的高峰。干杯！”

2.“老成员们，感谢你们对学术的坚守和对社团情谊的珍视。愿我们同心协力，取得更加丰硕的成果！”

3.“老成员们，让我们再次举杯，为这段学术之旅的点点滴滴喝彩。愿我们在未来的日子里携手共进，探索知识的无限可能，干杯！”

4.“老成员们，感谢你们的学术付出，这杯敬我们的社团情谊，愿大家在社团继续发光发热，快乐常伴，干杯！”

（三）敬全体成员

1.“学术社团的家人们，今天大家共聚一堂，让人开心，这杯敬我们的学术缘分，愿大家志合心齐，共同进步，干杯！”

2.“各位成员，我们因热爱学术而相聚社团，敬这难得的相聚，往后一起奋进，让社团的明天更加美好，干杯！”

3.“社团的伙伴们，学术社团因我们而精彩，让我们共同举杯，为这份对知识的热爱和追求干杯！愿我们在学术的道路上越走越远，收获满满！”

4.“社团的家人们，让我们共同举杯，为学术社团的明天祝福。愿我们在知识的海洋里不断成长，干杯！”

团建活动·凝心聚力创未来

大家应该都参加过不少团建活动，公司组织团建活动的初衷是为了能够更好地建设团队，在活动中让成员们凝心聚力。但很多团建活动组织得一塌糊涂，既浪费时间又耗费精力，让大家避之不及。一场成功的团建活动，应基于参与者的生理需求和心理需求进行安排，既不让大家过分劳累，又能够增进彼此之间的感情，提升团队凝聚力，为未来的发展奠定基础。只有满足这些条件的活动才能称得上一次成功的团建。我们可以通过合适的语言技巧，拉近彼此的距离，增进感情，让每次活动都成为团队成长的契机。

一、敬领导

1.“×哥，您是团队的主心骨，带领我们一次次突破难关。这杯敬您，相信您能继续引领我们攀登更高的山峰，共创辉煌未来，干杯！”

2.“领导，感谢您在工作中对我们的关心和指导，这杯酒敬您，愿您在未来的日子里，事业蒸蒸日上，带领团队不断进步，奔赴更灿烂的未来，干杯！”

3.“×姐，您的专业能力和领导风范一直是我们的榜样。我从您身上学到了很多东西，工作能力也得到了显著提升，希望我在以后的工作中能够继续协助您，为您减轻负担。这杯敬您，愿您在未来的工作中一帆风顺，带领我们实现更大的目标。”

4.“×总，您的决策太高效了，总能拯救团队于危难之中。从您身上，我们看到了什么叫总揽大局，学到了什么叫运筹帷幄。这杯敬您，我们要向您学习的地方还有很多，希望您以后带领我们一路乘风破浪，到达成功的彼岸。”

5.“×姐，您为公司的付出和贡献我们都看在眼里，对下属的关心和爱护我们也记在心里，能有您这样的领导，是我们的荣幸。这杯敬您，愿您在工作中再创佳绩，生活美满，家庭幸福。”

6.“领导，感谢您一直以来的引领与决策，为团队指明方向。这杯敬您，愿您事业顺遂，带领我们再创辉煌、奔赴未来，干杯！”

7.“×总，您的远见卓识和果断决策是我们团队的指路明灯。正因为有您，我们团队才能成为公司的王牌，这杯敬您，愿您在未来的日子里，事业顺心，生活幸福，身体健康。”

8.“×总，我们团队能有如今的成绩，离不开您的辛勤付出和悉心指导，您从不吝啬向我们传授宝贵的经验，作为前辈，您教会了我们很多，也帮助了我们很多。这杯酒敬您，愿您工作顺心，也希望我们在您的带领下不断突破自我，创造更多可能。”

9.“×哥，我们团队是您一手组建的，虽然您平时对我们要求严格，但是我们知道，这都是您对我们的栽培，我们能有今天的成绩，离不开您的鞭策和鼓励。这杯酒敬您，愿您在未来的工作中一帆风顺，带领我们走向更美好的未来。”

10.“×姐，您就像我们的大姐姐一样，一直给予我们关怀与支持，让我们在繁忙的工作中感受到了家的温暖。这杯酒敬您，感谢您对我们的付出，愿您在未来的工作和生活中一切顺利。”

二、敬同事

1.“伙伴们，今天的活动目的是让大家暂时从高压的工作环境中脱离，松一松紧绷的弦。大家把工作中的糟心事都暂且抛开，一起好好享受这美好的时刻吧！大家最近都辛苦了，我敬你们一杯，愿我们的团队越来越棒，大家携手迈向更好的未来，干杯！”

2.“相逢即有缘，在工作中我们是并肩战斗的战友，在生活中，我们也可以成为分享快乐的朋友。在今天这个难得的日子里，我要感谢我们团队的每一位成员，是你们的努力和坚持造就了这个无往不胜的团队，我敬大家一杯，希望大家今天玩得开心、玩得尽兴。”

3.“今天是难得的团建日，我们不聊工作，只谈天地。大家吃好喝好，放松心情，放下乱七八糟的烦心事，尽情地享受闲暇时光。这杯酒敬各位，感谢大家一直以来的辛勤付出与不懈努力，愿我们都拥有一个光明的未来。让我们携手并进，共创辉煌！”

4.“生活不该是一潭死水，生命因波澜而精彩。这杯酒我们一起敬自己，敬自己的辛苦，敬自己的坚持，敬自己的永不放弃，敬自己永远向往自由。今天是团建日，让我们一起大声说：去它的烦恼，干杯！”

5.“回顾过去，我们一起经历了风风雨雨，展望未来，我们将继续并肩前行。道阻且长，我们不用总是急着赶路，偶尔停下来歇歇脚、放松一下心情，也是一种不错的选择。准备好后再出发，前方一定有更美好的风景等着我们，干杯！”

6.“同事们，虽然工作有时很辛苦，但因为有你们，那段日子变得不再难熬，我们在工作中相互支持、共同成长，一起熬过无数个日夜、赶过无数个方案，你们不仅是我的同事，也是我的伙伴、我的战友。这杯敬大家，愿我们携手并进，共创美好未来，干杯！”

7.“亲爱的同事们，感谢你们在工作中的支持与协助。在这里，我深切地感受到了同事间的深厚情谊。这杯酒，我敬大家，愿我们的情谊更加牢固，不仅在职场上并肩作战，在生活中也能成为彼此的挚友。”

8.“各位同人，正是我们齐心协力的付出，才使得我们的团队不断向前发展。这杯酒，敬在座的每一位，愿我们在接下来的工作中再创辉煌，干杯！”

9.“各位小伙伴，一起奋斗的时光弥足珍贵，我很珍惜和大家在一起工作的日子，更珍惜和大家一起开怀大笑的时刻，这杯敬大家，愿我们在未来的日子里，继续相互扶持，书写更多精彩篇章，干杯！”

10.“杯中酒满情更浓，聚会时刻心相拥。”

11.“杯中有酒情更长，欢声笑语聚一堂。”

12.“举起杯，敬时光，笑语盈盈话短长。”

13.“杯碰杯，心连心，祝福的话语说不停。”

14.“酒香浓，意未尽，共饮一杯再叙情。”

15.“酒香不怕巷子深，情深不争一时长。”

16.“一杯敬天地宽广，愿你我情谊绵长。二杯敬过往风霜，笑谈间豪情万丈。三杯敬未来希望，携手共创新辉煌。”

三、敬后勤保障人员

1.“你们是这次活动的坚实后盾，感谢你们的默默付出，活动很成功，你们是最棒的！这杯敬你们，愿你们在工作中顺心如意，继续为团队的各项活动保驾护航，共创未来，干杯！”

2.“多亏你们的默默支持，团建活动才得以顺利进行。这杯酒敬你们，愿你们的生活充满阳光。未来的日子里，我们携手同行，干杯！”

3.“是你们的细心和负责，让我们在团建中无后顾之忧。这杯敬你们，愿你们在未来的工作中得心应手，与团队一起书写辉煌篇章，干杯！”

4.“这杯酒要特别感谢在活动背后默默付出的同事们，你们不辞辛劳，忙前忙后，照顾每一个参与者的身体状况和感受，你们的参与和贡献，使得我们的活动如此成功，也让每一个人都拥有完美的团建活动体验。感谢你们为团建活动所做的一切。敬你们，干杯！”

团建活动是团队成长过程中的关键环节，它不仅要求成员展现各自的礼仪修养，还要求成员之间真诚相待。通过周密的策划和恰当的互动，能使团建活动成为加强团队凝聚力的重要契机。让我们以真诚为帆，以欢笑为桨，在团建活动的海洋中畅游，共同创造美好回忆。

第四章 健康饮酒指南

如何知道自己的酒量

酒精进入人体后，需要经过一系列复杂的代谢过程才能排出体外。酒精代谢速度的快慢在很大程度上影响着一个人的酒量大小。一般来说，正常成年人每小时可以代谢10～15毫升的纯酒精，但这只是一个大致的范围，实际的代谢速度会受到多种因素的影响。要想更好地了解自己的酒量，可参考以下这些简单易操作的方法。

一、做好充分准备

选择合适时间：要在自己身心状态良好、没有其他重要事务的空闲时间进行测试。比如周末的晚上或者节假日，此时工作压力小，身体也没有不适，能让测试结果更准确。尽量避免在工作繁忙、压力大或者身体不适的时候测试，因为这些因素会影响身体对酒精的代谢，从而使得测试结果有所偏差。

确定安全地点：要选择在安全、舒适、熟悉的环境中，最好是在家中进行测试，这样才能让自己全身心放松，不受外界干扰。如果在家中不方便，也可以选择有熟悉的朋友陪伴的地方，以便在身体不适时能够得到及时的帮助。

准备合适酒品：选择酒类时，应考虑个人的日常饮酒偏好。若偏好白酒，那么在进行品鉴测试时应选择白酒；若钟情于啤酒，则可以啤酒作为测试对象。同时，要确保所选酒品品质优良，以免劣质酒品对人体健康造成损害以及对品鉴结果产生不良影响。此外，准备一些有助于解酒的食物和饮品，如蜂蜜水、酸奶和水果等，以备不时之需。

二、缓慢饮酒并观察反应

逐步增加饮酒量：以白酒为例，先倒一小杯，大约在10~15毫升。慢慢品尝，感受酒的味道和身体的反应。在饮酒后的15~20分钟时，仔细观察自己是否出现脸红、心跳加速、头晕、恶心等不适症状。如果没有明显的不适反应，可以再倒一小杯继续饮用，每次增加的量不宜过多，以10~15毫升为宜。每喝完一杯酒，都预留一段时间，给身体足够的时间来代谢酒精，再观察身体的反应。

关注身体信号：在测试酒量的过程中，除了留意常见的脸红、心跳加速、头晕、恶心等症状，还要注意身体的其他反应。一旦出现说话开始变得含糊不清、走路不稳、反应迟钝等情况，就说明身体已经摄入过量酒精。

三、多次测试取平均值

要想更准确地了解自己的酒量，不能仅仅依靠一次测试的结果。由于每次测试时的身体状态、环境因素等有所不同，测试结果也可能会存在一定的误差。因此，建议在不同的时间进行多次测试，每次测试的条件尽量保持一致。比如每次都在周末晚上，在家中，用同一款酒进行测试。将多次测试得到的酒量数据记录下来，然后计算其平均值，而这个平均值会更接近你真实的酒量水平。

四、借助评估指标判断

主观感受判断：在饮酒过程中，根据自己的感觉来判断是否已经达到酒量的极限。当你开始感觉身体有些发热、心跳加快、思维变得有些迟缓、情绪开始变得兴奋或者放松时，说明你已经摄入了一定量的酒精。继续饮酒，如果出现头晕、恶心、呕吐等不适症状，甚至失去对自己行为的控制能力，那么就可以判断摄入的酒精已经过量。此外，第二天醒来后的身体反应也能反映出前一天的饮酒量是否合适。如果第二天感觉头痛、乏力、食欲缺乏等，就说明前一天饮酒过量，已经对身体造成了一定的损害。

观察行为表现：观察饮酒后的行为表现也能帮助评估酒量。如果在饮酒后能够保持头脑清醒，言谈举止正常，与人交流顺畅，没有出现失态的行为，就说明饮酒量还在自己的可控范围内。相反，如果开始出现话多、情绪激动、行为失控等情况，甚至做出一些平时不会做的事情，如大声喧哗、与人争吵、打架等，就表明已经超出了自己的酒量。此外，饮酒后的睡眠质量也能反映出饮酒量是否合适。如果饮酒后能够很快入睡，且睡眠质量较好，第二天醒来精神状态良好，就说明饮酒量可能比较适中；如果饮酒后难以入睡，或者睡眠中频繁醒来，第二天感到疲惫不堪，那么很可能就是饮酒过量了。

通过以上这些简单易操作的方法，你就能更好地知道自己的酒量，从而在饮酒时做到心中有数，保护好自己的身体健康，避免因饮酒过量而带来的不良反应。

什么样的人不宜饮酒

酒在社交场合、家庭聚会等诸多场景中广泛存在，它既能将现场的氛围推向高潮，又能在一定程度上拉近人与人之间的距离。然而，并非所有人都适合饮酒，对于某些特定人群来说，饮酒可能会给他们的身体带来严重的损害，甚至危及生命。了解哪些人不宜饮酒，不仅能保护这些人的健康，还能让大家在社交活动中照顾到他人的身体状况，避免因饮酒不当而导致的负面效应。下面就为大家详细介绍不宜饮酒的人群。

一、患有特定疾病的人群

（一）肝脏疾病患者

肝脏是人体代谢酒精的核心器官，90% 以上的酒精都要在肝脏中经过一系列复杂的化学反应进行代谢。一旦肝脏功能受损，酒精的正常代谢过程就会受到阻碍，导致解酒速度变慢，从而加重肝脏的负担。患有肝炎、肝硬化、脂肪肝等肝脏疾病的人群，他们的肝脏细胞已经受到不同程度的损伤，肝功能无法正常发挥作用。饮酒后，肝脏不仅要承受疾病带来的负担，还要额外处理酒精代谢产生的有害物质，这无疑会进一步加重肝脏的损伤，加速病情的恶化。例如，肝炎患者饮酒后，肝细胞会受到酒精的直接刺激，导致炎症反应加剧，肝细胞坏死的概率大大增加，这不仅会延缓疾病的康复进程，还可能导致肝纤维化、肝硬化，甚至引发肝癌等严重疾病。肝硬化患者的肝脏已经出现结构改变和功能异常的问题，饮酒会使肝脏的代谢和解毒功能进一步下降，从而增加肝性脑病、消化道出血等并发症的发生风险，危及患者的生命安全。

（二）胃肠道疾病患者

酒精具有强烈的刺激性，进入人体后会先接触到胃黏膜和肠黏膜。患有胃炎、胃溃疡、十二指肠溃疡、肠炎等胃肠道疾病的人群，他们的胃黏膜和肠黏膜本身就处于脆弱和受损的状态。饮酒后，酒精会直接刺激胃黏膜和肠黏膜，导致黏膜充血、水肿、糜烂，甚至引发溃疡和出血。胃炎患者饮酒后，可能会出现胃痛、胃胀、恶心、呕吐等不适症状，严重影响生活质量。胃溃疡和十二指肠溃疡患者饮酒后，溃疡面会受到刺激，导致愈合过程受阻，还可能导致溃疡穿孔、出血等严重并发症以致需要紧急就医治疗。肠炎患者饮酒后，肠道蠕动会加快，肠黏膜的炎症反应加重，可能会引起腹泻、腹痛、便血等症状，使病情反复或加重。

（三）心血管疾病患者

饮酒会对心血管系统产生多方面的影响，使血压升高、心跳加快，从而增加心脏的负担。对于患有高血压、冠心病、心肌病、心律失常等心血管疾病的人群来说，饮酒无疑是雪上加霜。高血压患者饮酒后，酒精会使血管收缩，导致血压急剧升高，增加脑出血、脑梗死等意外发生的风险。冠心病患者饮酒后，酒精刺激交感神经兴奋，引起心率增快，心脏的需氧量增加，而冠状动脉的供血能力可能无法满足需求，从而加重病症，诱发心绞痛，甚至导致更为严重的心肌梗死，危及患者的生命安全。心肌病患者的心肌已经受到损害，饮酒会进一步加重心肌的损伤，导致心功能下降，甚至引发心力衰竭。心律失常患者饮酒后，酒精会影响心脏的电生理活动，使心律失常发作得更加频繁，严重时可能导致心室颤动、心搏骤停等危及生命的情况。

（四）糖尿病患者

酒精会干扰糖尿病患者的血糖控制，影响代谢，为血糖的稳定带来不利影响。一方面，酒精会抑制肝糖原分解，干扰糖异生过程，使血糖生成减少，同时酒精本身也含有一定的热量，会影响患者对饮食热量的控制，从而导致低血糖的发生。另一方面，糖尿病患者需要依靠药物来控制血糖，而酒精会干扰降糖药物的疗效，使药物的降糖作用减弱或增强，从而增加血糖波动的风险。糖尿病患者饮酒后，低血糖症状可能会被酒精的作用掩盖，不易被察觉，从而延误治疗，导致严重后果。此外，长期饮酒还会增加糖尿病患者患心血管疾病的风险，对身体健康造成双重威胁。

二、特殊时期的人群

（一）孕妇和哺乳期妇女

孕妇饮酒对胎儿的危害极大。酒精可以通过胎盘进入胎儿体内，从而影响胎儿的正常发育。在怀孕早期，饮酒可能会导致胎儿发育异常，引发胎儿酒精综合征（表现为胎儿生长迟缓、智力低下、面部畸形等）。即使是少量饮酒，也可能对胎儿的神经系统和器官发育造成不可逆的损害。哺乳期妇女饮酒后，酒精会通过母体的乳汁进入婴儿体内，婴儿的肝脏等器官尚未发育成熟，无法像成年人一样代谢和分解体内的酒精，并及时将酒精排出体外。酒精在婴儿体内蓄积，会影响婴儿的大脑发育、身体生长和免疫系统功能的完善，导致婴儿出现嗜睡、反应迟钝、食欲缺乏等症状，从而严重影响婴儿的身体健康和生长发育。因此，为了下一代的健康，孕妇和哺乳期妇女应严格禁止饮酒。

（二）儿童和青少年

儿童和青少年正处于身体和大脑发育的关键时期，酒精会对他们的神经系统和身体器官产生负面影响。在大脑发育阶段，大脑的神经元正在快速生长和连接，酒精会干扰神经元的正常发育，影响智力发育和学习能力。长期饮酒还可能导致记忆力下降、注意力不集中、情绪不稳定等问题。此外，酒精还会影响儿童和青少年的骨骼发育，抑制生长激素的分泌，影响身高增长。同时，儿童和青少年的肝脏等器官尚未发育成熟，对酒精的代谢能力较弱，饮酒后更容易出现醉酒和酒精中毒的情况，从而对身体健康造成严重危害。

三、正在服用特定药物的人群

（一）抗生素类药物使用者

在服用头孢类、甲硝唑等抗生素期间饮酒，易发生严重的双硫仑样反应。这些药物中的抗生素会抑制酒精在体内的代谢过程，使代谢过程中的转化物——乙醛在体内大量堆积。乙醛是一种有毒物质，会引起面部潮红、头痛、头晕、恶心、呕吐、心悸、呼吸困难等症状，严重时甚至会导致休克和死亡。双硫仑样反应的发生与饮酒量和药物剂量有关，即使是少量饮酒也可能引发严重的反应。因此，在服用这些抗生素类药物期间，应严格禁止饮酒，停药后也要根据医生的建议间隔一段时间后才能饮酒，以确保安全。

（二）镇静催眠类药物使用者

服用苯巴比妥等镇静催眠类药物期间饮酒，会增强药物的中枢抑制作用。酒精本身也具有镇静作用，与这些药物同时使用时，会使中枢神经系统受到过度抑制，从而导致嗜睡、昏迷、呼吸抑制等严重后果，增加发生意外事故的风险。例如，在服用这些药物后饮酒，可能会在驾驶、操作机器等活动中出现意识不清、反应迟钝等情况，从而危及自身和他人的生命安全。因此，正在服用镇静催眠类药物的人群应避免饮酒，以确保药物的疗效和自身的安全。

（三）降压药和降糖药使用者

饮酒会增强降压药和降糖药的药效，导致血压和血糖过低。降压药使用者饮酒后，酒精会导致血管扩张，与降压药的作用叠加后，使血压急剧下降，引起头晕、乏力、心慌等不适症状，严重时可能导致休克。降糖药使用者饮酒后，酒精会干扰血糖的代谢和调节，使血糖过度降低，从而出现低血糖反应，如出汗、心慌、手抖、饥饿感等，若不及时处理，可能会导致昏迷、脑损伤等严重后果。同时，酒精还会干扰药物的代谢和排泄，从而影响药物的疗效和安全性。因此，正在服用降压药和降糖药的人群应谨慎饮酒，或在医生的指导下调整用药剂量和饮酒习惯。

酒精对人体健康的影响因人而异，因此，了解哪些人不宜饮酒是非常重要的。对于上述这些特定人群来说，饮酒可能会给他们的身体带来严重的危害，甚至危及生命。在日常生活中，我们要关注身边人的身体状况，避免让不宜饮酒的人群饮酒，共同营造一个健康、安全的生活环境。同时，对于适宜饮酒的人群，也要倡导适量饮酒、文明饮酒，保护好自己的身体健康。

怎样才算适度饮酒

在日常生活中，酒作为一种常见的饮品，频繁出现在各类社交场合、家庭聚会以及个人休闲时光中。适量饮酒可以放松身心、增添乐趣，但过度饮酒则会对身体健康造成严重危害。因此，明确怎样才算适度饮酒，对于我们合理饮酒、保护自身健康至关重要。那么，究竟如何界定适度饮酒的标准呢？

一、饮酒量的界定标准

世界卫生组织（WHO）及众多医学研究机构基于大量的科学研究，给出了一般性的适度饮酒量参考标准。对于男性而言，每日摄入的纯酒精量不宜超过25克；女性则相对更低，每日纯酒精摄入量应控制在15克以内。之所以男女标准存在差异，是因为女性的身体结构和生理特点与男性不同，女性体内的水分含量相对较少，脂肪含量较高，这使得酒精在女性体内的代谢速度较慢，在同等饮酒量下，女性血液中的酒精浓度更高，对身体的损害也更为明显。

二、影响适度饮酒的因素

（一）个体差异

每个人的身体状况和代谢能力有所不同，这会直接影响其对酒精的耐受程度。例如，体型较大、肌肉含量较高的人，体内的水分含量相对较多，对酒精的稀释能力更强，酒精代谢速度也可能更快，在一定程度上能够承受相对较多的酒精摄入量。而体质较弱、患有某些慢性疾病（如肝脏疾病、心血管疾病等）的人，身体的代谢功能和解毒能力较差，即使是少量饮酒也可能对身体造成较大的负担，因此他们的适度饮酒量应更低。此外，年龄也是一个重要因素，随着年龄的增长，身体的各项机能逐渐衰退，肝脏对酒精的代谢能力下降，老年人的适度饮酒量应比年轻人更低。

（二）饮酒频率

饮酒频率同样会影响身体对酒精的承受能力。即使每次饮酒量都在适度范围内，但如果饮酒频率过高，身体长期处于处理酒精的状态，则也会对肝脏、心血管等造成损害。一般来说，每周饮酒次数不宜超过3次，以便给身体足够的时间来代谢和恢复。频繁饮酒会使酒精及其代谢产物在体内不断累积，从而增加肝脏疾病、心血管疾病等的发病风险。

（三）饮酒方式

饮酒方式的不同也会对身体产生不同的影响。快速饮酒会使酒精在短时间内大量进入血液，导致血液酒精浓度迅速升高，从而增加醉酒和酒精中毒的风险。而慢慢品味、小口饮用，身体会有足够的时间来代谢酒精，从而减轻酒精对身体的刺激。此外，空腹饮酒时，酒精会直接刺激胃黏膜，加速酒精的吸收，对身体的损害更大。因此，饮酒时搭配一些食物，如肉类、蔬菜、豆制品等，不仅可以减缓酒精的吸收速度，还能减轻酒精对胃黏膜的刺激，从而减少对身体的伤害。

三、适度饮酒的好处

（一）保持心血管健康

一些研究表明，适度饮酒可能对心血管健康有益。葡萄酒中含有的白藜芦醇等抗氧化物质，有助于降低血液中胆固醇和甘油三酯的水平，以及动脉粥样硬化的发生风险，从而保护心血管系统的健康。此外，适度饮酒还可以促进血液循环，提高血管的弹性，降低患心脏病和中风的概率。

（二）放松身心

在忙碌的工作和生活之余，适量饮酒可以帮助人们放松身心，缓解压力和焦虑情绪。因为酒精具有一定的镇静作用，能够使人感到愉悦和放松，适量饮酒有助于改善睡眠质量，让人更好地恢复精力。

（三）促进社交

在社交场合中，适量饮酒可以营造轻松愉快的氛围，拉近人与人之间的距离，促进交流和沟通；可以让人更加放松和自信，减少紧张感和拘束感，有助于建立良好的人际关系。

四、过度饮酒的危害

（一）损害身体器官

长期过度饮酒会对身体多个器官造成严重损害。肝脏是酒精代谢的主要器官，过度饮酒会导致肝脏脂肪堆积，引发酒精性脂肪肝、酒精性肝炎、肝硬化等疾病，甚至可能发展为肝癌。酒精还会对心脏造成损害，增加患高血压、冠心病、心肌病等心血管疾病的风险，导致心脏功能下降、心律失常。此外，过度饮酒还会刺激并破坏肠黏膜、胃黏膜屏障，引发胃炎、胃溃疡、十二指肠溃疡等疾病，严重时会导致胃出血、胃穿孔等并发症。同时，酒精对神经系统也有损害作用，导致记忆力下降、反应迟钝等问题，长期酗酒还可能引发痴呆。

（二）影响心理健康

过度饮酒不仅会损害身体健康，还会对心理健康产生负面影响。长期酗酒容易引发焦虑、抑郁等心理问题，甚至可能导致人格障碍及其他精神疾病。此外，酒精成瘾还会使患者对酒精产生强烈的依赖，从而严重损害生活质量和家庭关系。

（三）产生社会危害

过度饮酒还会引发诸多社会问题。醉酒后，人的行为能力和判断能力会受到严重影响，容易发生交通事故、打架斗殴、意外伤害等事件，从而对自己和他人的生命安全造成威胁。同时，过度饮酒还会影响工作和学习效率，导致失业、学业荒废等问题，给个人和社会带来经济损失。

总之，适度饮酒对于我们的健康和生活有着积极的意义，我们要准确把握适度饮酒的标准，做到适量饮酒、文明饮酒。

怎样喝酒对身体的伤害最小

喝酒对身体的伤害不容忽视。如何在享受饮酒乐趣的同时，将酒精对身体的损害降到最低，是许多人关心的问题。

一、提前补充营养物质

在饮酒前，摄入一些富含营养的食物或补充剂，可以在一定程度上减轻酒精对身体的伤害。比如，提前吃一些富含维生素B族的食物，如全麦面包、燕麦片、瘦肉等。维生素B族能参与酒精的代谢过程，帮助肝脏更好地分解酒精，以减少酒精及其代谢产物在体内的堆积。另外，补充一些牛奶或酸奶，它们可以在胃黏膜表面形成一层保护膜，以减少酒精对胃黏膜的直接刺激和损伤。

二、饮酒后的护理措施

饮酒后，不要立刻躺下休息，可以进行一些轻度的运动，如散步等。适当的运动能促进血液循环，加快身体对酒精的代谢和排出。但要注意运动强度不宜过大，避免剧烈运动，以免加重身体的负担。散步20～30分钟左右，既能帮助消化，又能缓解酒后的不适症状。

饮酒后熬夜会进一步加重肝脏的负担，影响身体的恢复。酒精主要在肝脏中代谢，熬夜会打乱肝脏的正常代谢节律，使肝脏无法有效地分解酒精及其代谢产物，导致这些有害物质在体内停留时间过长，对肝脏造成更大的损害。因此，饮酒后要尽早休息，保证充足的睡眠时间，让身体得到充分的恢复。

要想让喝酒对身体的伤害最小，需要在饮酒前、饮酒过程中和饮酒后都采取一系列科学合理的措施，如此一来，才能在享受饮酒乐趣的同时，最大程度地保护自己的身体健康。

酒品见人品

在人际交往中，酒局是个很特别的场合。大家聚在一起喝酒，既能放松心情，又能联络感情。而且，酒局就像一面镜子，能或多或少地反映出一个人的真实品性。俗话说“酒品见人品”，多数时候，人们在酒桌上的表现，确实和他们的性格、品德有着密切联系。

一、饮酒态度看自我约束

喝酒时的态度，能体现出一个人的自我约束能力。有些人在酒桌上很有分寸，不管别人怎么劝，都知道自己该喝多少，不会因为好面子或者一时冲动就喝多。这种人在生活里也很自律，不管是在工作还是生活中，都能把事情安排得井井有条，控制好自己的欲望。相反，有些人一上桌就喝个不停，完全没有节制。这种人很容易受到别人影响，难以控制自己的行为和情绪。在生活中，他们做事也常常冲动，没有计划，容易因为一时冲动而后悔。

就拿朋友聚会来说，小张每次都清楚自己的酒量，别人劝他多喝几杯，他都会笑着拒绝，说自己喝多了怕误事。后来大家发现，他在工作上也是有条不紊，交代给他的任务总能按时完成。而小李呢，每次聚会都来者不拒，一杯接一杯，最后总是喝得东倒西歪，第二天还头痛得没法上班。在工作上，他也经常因为冲动而犯错，导致项目进度一拖再拖。

从这两人的不同表现就能看出，饮酒态度不同，其背后的自我约束能力也不一样，这对个人发展的影响是巨大的。

二、言谈举止显个人修养

酒桌上的言谈举止，能直接体现一个人的修养。修养高的人，说话得体，举止大方。他们懂得尊重别人，聊天时会认真听对方说话，不会随便打断对方，表达自己的想法时也很有礼貌。就算喝了酒，也不会变得粗鲁。可有些人就不一样了，几杯酒下肚，就开始大声喧哗，脏话连篇，甚至还会嘲笑别人。这种行为不仅破坏了气氛，还暴露了他们修养上的欠缺。

有次同学聚会，大家围坐在一起喝酒聊天。小王一直面带微笑，说话轻声细语，还会照顾到每个人的感受，让聚会氛围特别好。同桌的小赵喝了几杯后，就开始得意忘形，对同学们的工作和生活指指点点，言语里满是嘲讽。同学们都觉得很尴尬，聚会的好心情也被破坏了。从这就能看出，酒桌上的言谈举止，能真实反映出一个人的修养。有修养的人，在任何场合都很有风度；没修养的人，一喝酒就容易暴露本性。

三、劝酒方式藏处世态度

劝酒是酒桌上常见的事，但不同的劝酒方式，能反映出一个人的处世态度。在劝酒时，有些人会顾及对方的感受和酒量，不强迫他人饮酒。他们以真诚的态度表达自己的好意，使对方心甘情愿地举杯。这种人在生活里也很善解人意，懂得站在别人的角度思考问题，人际关系自然融洽。可有的人劝酒时，完全不顾别人意愿，用各种强硬的手段逼迫别人喝酒，甚至还会说些难听的话来威胁对方。这种人往往只考虑自己，不懂得尊重别人，很难和别人建立起真正的友谊。

比如，在家庭聚餐时，叔叔给侄子敬酒，他先关心了侄子的工作和生活，然后笑着说：“你工作忙，喝酒有自己的分寸，咱叔侄俩随意喝一点儿就行。”侄子听了心里暖暖的，愉快地和叔叔碰了杯。在朋友聚会时，小刘为了让小陈多喝几杯，竟然说："你要是不喝，就是不给我面子，咱们以后就不必做朋友了。"小陈觉得很为难，两人的关系也因此变得有些尴尬。从这两个例子就能看出，不同的劝酒方式，反映出不同的处世态度，对人际关系的影响也很大。

四、酒后行为露真实性格

喝完酒之后的行为，常常能暴露一个人的真实性格。有些人喝酒之后还是很清醒，言谈举止和平时一样，这说明他们自控能力强，意志坚定。然而，有些人一旦沾酒，仿佛瞬间换了个人，平日里内向的人变得格外开朗，而平时沉默寡言的人则变得健谈起来。这不是性格变了，而是酒精让他们卸下了伪装，露出了真实的一面。

公司团建时，平时沉默寡言的小周喝了点儿酒，变得特别活跃，和同事们分享了很多有趣的生活经历，大家这才发现他其实是个很幽默的人。而平时看起来很温和的小吴，酒后却因为一点儿小事和同事吵了起来，大家对他的印象也大打折扣。从他们的例子就能看出，酒后的行为能让我们更了解一个人的真实性格，而这种性格往往和他们平时的表现有所关联。

当然，我们不能只凭酒桌上的表现就给一个人的人品下结论。毕竟酒局只是个特殊的场合，人的表现可能会受到很多因素的影响。不过，酒品确实能在很大程度上反映出一个人的人品。通过观察一个人在酒桌上的饮酒态度、言谈举止、劝酒方式和酒后行为，我们能对他的性格、品德和处世态度有个初步的了解。在交朋友、找合作伙伴时，酒品可以作为参考，帮助我们更好地认识他人。同时，我们自己也要在酒桌上注意言谈举止，展现出良好的酒品，树立良好的个人形象。

饮酒温度的讲究

酒，作为一种有着悠久历史和丰富文化内涵的饮品，在人们的生活中占据着重要地位。饮酒时，很多人关注的是酒的品牌、口感和品质，却常常忽略了一个关键因素——酒的饮用温度。实际上，不同的酒，其适宜的饮用温度也不同，合适的温度不仅能让酒的风味得到最佳展现，还能带来更好的饮酒体验；反之，温度不适宜则可能破坏酒的口感和香气，甚至危害身体健康。下面，就让我们一起了解一下各类酒在饮酒温度方面的讲究。

一、白酒的饮用温度

白酒是中国传统的蒸馏酒，种类繁多，风味各异。一般来说，白酒在室温下饮用，适宜饮用温度在20℃～35℃。这个温度区间能让白酒中的香味物质充分挥发，使酒香更加浓郁醇厚。当温度过低时，白酒中的香气物质难以挥发，喝起来会感觉香气不足，口感也较为寡淡。例如，在寒冷的冬天，如果直接饮用冷藏过的白酒，就会发现酒的香味和口感都大打折扣。而温度过高时，白酒的酒精挥发速度加快，刺激性增强，容易让人感到辛辣和燥热，不仅影响口感，还可能对口腔和肠黏膜造成伤害。所以，在饮用白酒时，最好将其放置在常温环境下一段时间，使其温度接近适宜范围。如果是在寒冷的季节，也可以将白酒稍微温热一下，但温度不宜超过35℃，这样既能提升酒的香气，又不会破坏酒的口感。

二、葡萄酒的饮用温度

葡萄酒是一种深受大众喜爱的果酒，根据颜色和酿造工艺的不同，可分为红葡萄酒、白葡萄酒和桃红葡萄酒等。不同类型的葡萄酒，其适宜的饮用温度也有所不同。

（一）红葡萄酒

红葡萄酒的适宜饮用温度一般在16℃～18℃。这个温度能让红葡萄酒中的单宁更加柔和，口感更加醇厚，同时也能使酒的香气充分散发出来。如果温度过低，红葡萄酒的香气会被抑制，口感会变得酸涩、生硬；而温度过高，酒精味会过于突出，以致掩盖了酒的果香和其他风味。因此，在品尝红葡萄酒时，可以提前将酒从酒窖或冰箱中取出，放置在室温下一段时间，让其温度慢慢回升到适宜范围，也可以使用专业的葡萄酒温度计来测量酒液的温度，确保达到最佳饮用状态。

（二）白葡萄酒

白葡萄酒的适宜饮用温度相对较低，一般在8℃～12℃。较低的温度可以突出白葡萄酒的清爽口感和果香，使其更加清新宜人。如果温度过高，白葡萄酒的酸度会显得过于尖锐，口感也会变得平淡。因此，在饮用白葡萄酒前，通常需要将其放入冰箱冷藏一段时间。但要注意，冷藏时间不宜过长，以免温度过低，影响酒的风味。一般来说，提前1～2个小时将白葡萄酒放入冰箱冷藏即可。

（三）桃红葡萄酒

桃红葡萄酒的饮用温度低于红葡萄酒和白葡萄酒，一般在6℃～8℃。这个温度能让桃红葡萄酒的果香和花香充分展现，突出其清新、甜美的口感。饮用前，同样可以将桃红葡萄酒放入冰箱冷藏一段时间，使其达到适宜的饮用温度。

三、啤酒的饮用温度

啤酒是一种常见的低浓度酒精饮品，深受广大消费者的喜爱。啤酒的适宜饮用温度一般在5℃~10℃。在这个温度范围内，啤酒的二氧化碳溶解度适中，既能保持啤酒的泡沫丰富细腻，又能使啤酒的口感清爽宜人。如果温度过低，啤酒的泡沫会变得稀少，口感也会变得淡薄；而温度过高，二氧化碳会迅速溢出，导致啤酒的泡沫过多，同时啤酒的苦味也会加重，从而影响口感。在炎热的夏天，很多人喜欢喝冰镇啤酒，但要注意不要将啤酒冷冻，因为冷冻后的酒液体积会发生膨胀，可能导致酒瓶炸裂，从而造成危险。

四、黄酒的饮用温度

黄酒是中国特有的传统酿造酒，历史悠久，营养丰富。黄酒的饮用温度一般在35℃~45℃。温热后的黄酒，香气更加浓郁，口感更加醇厚，同时还能减轻酒精对肠胃的刺激。在饮用黄酒时，可以将黄酒倒入酒壶中，然后将酒壶放入热水中温热，或者使用专门的温酒器进行加热。还可以在温热后的黄酒中加入一些姜丝、话梅等，既能给醇厚的黄酒增添风味，又能增强黄酒驱寒暖胃的功效。

五、烈酒的饮用温度

烈酒，如威士忌、白兰地等，一般适宜常温饮用，饮用温度在20℃左右。常温饮用能让烈酒的香气和口感得到充分展现。有些人喜欢在烈酒中加入冰块，以降低酒的温度，这种饮用方式可以使烈酒的口感更加柔和，从而减轻酒精的刺激感。但要注意，加入冰块后，烈酒的风味也会随着冰块的融化而逐渐变淡，因此需要根据个人口味和喜好来选择是否加冰。

饮酒温度对于酒的口感、香气和饮用体验都有着较大的影响。掌握各种酒类的理想饮用温度，能够让我们更充分地领略美酒的魅力。在饮酒时，不妨根据酒的种类和特点，选择合适的饮用温度，开启一场美妙的品酒之旅吧。

避免混饮的原因

在日常的社交场景中，酒是常见的助兴饮品。有时候，人们为了追求新奇的口感，或者是想在热闹的氛围中随性而为，会将不同种类的酒混合饮用。然而，这种看似无伤大雅的行为实则隐藏着诸多危害。从身体的代谢机制到化学物质的相互作用，混饮都可能给我们的健康带来意想不到的负面影响。接下来，让我们从混饮带来的危害这一角度，深入探讨为什么需要避免混饮。

一、加速酒精吸收，导致快速醉酒

不同酒类的酒精浓度和成分差异显著，当它们混合进入人体后，会对酒精的吸收过程产生干扰，使身体更快速地陷入醉酒状态。以常见的啤酒和白酒混饮为例，啤酒富含二氧化碳，这种气体进入胃部后，会促使胃壁的蠕动加快，同时还会使胃黏膜的血管扩张。在这种情况下，紧接着饮用的白酒中的酒精就会以更快的速度被吸收进入血液，迅速提高血液中的酒精浓度。正常情况下，人体肝脏每小时大约能代谢10～15毫升的纯酒精，但在混饮导致酒精被快速吸收的情况下，肝脏的代谢速度远远跟不上酒精进入血液的速度，于是大量的酒精在体内堆积，让人在短时间内就出现醉酒症状。曾经有一位年轻人在与朋友聚会时，先是喝了几瓶啤酒，又和大家一起喝白酒，不到一个小时就醉得不省人事，最后被紧急送往医院。这种因混饮而导致的快速醉酒，不仅会让人在社交场合中失态，还可能对身体造成严重的损害，从而增加发生意外的风险。

二、引发复杂化学反应，产生有害物质

各类酒在酿造和生产过程中，由于原料、工艺和添加剂的不同，其中的化学成分也多种多样。当这些不同的酒混合在一起时，其中的成分会发生复杂的化学反应，生成一些原本不存在的物质，而这些新生成的物质很可能对人体有害。例如，葡萄酒中含有大量的单宁、花青素等多酚类物质，而白酒中含有醛类、酯类等挥发性物质，当葡萄酒和白酒混合饮用时，单宁和醛类物质可能会发生反应，生成一些难以被人体代谢的大分

子化合物，这些化合物会在体内累积，增加肝脏、肾脏等器官的代谢负担。此外，不同酒中添加的防腐剂、甜味剂等添加剂，在混合后也可能发生不良反应，产生潜在的有毒有害物质，对身体健康构成威胁。虽然目前对于这些化学反应及其产物的研究还不够深入，但已经有不少研究表明，长期混饮可能会导致慢性中毒，对人体的神经系统、消化系统等造成损害。

三、加重身体器官负担，增加患病风险

混饮会使身体在短时间内承受大量不同浓度酒精的冲击，极大地加重了肝脏、肠胃等器官的负担。肝脏是人体代谢酒精的主要器官，它需要通过一系列的酶将酒精逐步分解为无害的物质排出体外。在混饮的情况下，肝脏需要同时处理多种不同浓度的酒精代谢任务，远超出了肝脏的正常代谢能力。若长期如此，肝脏细胞就会受到损伤，导致肝功能下降，增加患肝脏疾病的风险。同时，酒精本身对胃黏膜、肠黏膜就有很强的刺激，混饮时，不同酒的刺激叠加在一起，会使胃黏膜、肠黏膜受到更严重的损伤。比如，啤酒中的二氧化碳会刺激胃黏膜，白酒的高浓度酒精会灼伤胃黏膜，两者混合饮用会使胃黏膜的损伤程度加剧，从而引发胃肠道疾病。此外，混饮还可能对心

脏、大脑等重要器官造成损害，影响心血管系统和神经系统的正常功能，增加患上心血管疾病和神经系统疾病的风险。

四、难以控制饮酒量，容易过量饮酒

混饮时，由于不同酒的口感和酒精浓度不同，人们往往难以准确判断自己的饮酒量和身体的承受能力。比如，先喝口感清爽的啤酒，再喝口感醇厚的白酒，啤酒的清爽口感会让人在不知不觉中喝得过多，而白酒的高浓度酒精又会在短时间内给身体带来更大的负担。而且，混饮时人们的注意力往往被不同酒的新奇口感所吸引，从而忽略了自己已经摄入的酒精总量。这种情况下，很容易导致过量饮酒。过量饮酒不仅会引起急性酒精中毒，还会对身体的各个器官和系统造成长期的损害，从而影响身体健康和生活质量。

总之，混饮对身体健康有着诸多危害。为了保护自己的身体健康，我们在饮酒时应该选择单一的酒品，并适量饮用。这样既能享受饮酒带来的乐趣，又能最大程度地减少酒精对身体的伤害。

把控饮酒速度

在饮酒这件事上，许多人往往只关注酒的种类、品牌以及饮酒量，却常常忽视了一个关键因素——饮酒速度。事实上，饮酒速度的快慢对我们的身体健康有着很大的影响。把控合适的饮酒速度，不仅能让我们更好地享受饮酒的乐趣，还能最大程度地减少酒精对我们身体的伤害；而不加节制地快速饮酒，则可能引发一系列健康问题。

众所周知，喝酒的速度越快，人体吸收的酒精也越多。快速喝酒不仅会增加醉酒风险，而且会对肝脏、胃、心脏等器官带来一定的影响。关于缓慢饮酒的具体好处，我们也将从以下几方面来讲述。

减轻肝脏负担，保护肝脏健康：缓慢饮酒能让肝脏有足够的时间来代谢酒精，避免酒精在体内堆积。如此一来，肝脏可以按照正常的代谢速度逐步分解酒精，将其转化为相对无害的物质并排出体外，从而减轻肝脏的负担，以免肝脏细胞受到损伤。长期坚持缓慢饮酒，可以降低患上酒精性肝病的风险，保护肝脏的健康。

减少对胃黏膜、肠黏膜的刺激，保护胃肠道健康：缓慢饮酒时，酒精会缓慢地进入胃肠道，使胃黏膜、肠黏膜有足够的时间来适应酒精的刺激，从而降低黏膜受到的损伤程度。同时，缓慢饮酒还可以让胃肠道的消化液分泌得更加均匀，有助于食物的消化和吸收，从而保护胃肠道的正常功能。此外，缓慢饮酒还可以减少胃酸的分泌，降低胃酸对胃黏膜的刺激，预防胃炎、胃溃疡等胃肠道疾病的发生。

稳定心血管系统，降低心血管疾病风险：缓慢饮酒可以避免血压和心率的急剧波动，有助于心血管系统保持相对稳定的状态。这样可以减轻心脏的负担，降低心血管疾病的发生风险。同时，缓慢饮酒还可以促进血液循环，增强血管的弹性，有助于预防动脉硬化等心血管疾病的发生。

更好地享受饮酒乐趣，提升饮酒体验：缓慢饮酒可以让我们更好地品味酒的香气、口感和风味，享受饮酒的过程。让每一口酒在口中停留一段时间，有助于我们充分感受酒的魅力。同时，缓慢饮酒还可以让我们在饮酒过程中保持清醒的头脑，以便与他人进行愉快的交流和互动，从而获得良好的饮酒体验。

那么，如何把控饮酒速度呢？

选择小容量酒杯：使用小容量的酒杯可以在心理上和实际操作上帮助我们控制饮酒速度。若每次倒酒的量相对较少，我们就会不自觉地放慢饮酒的节奏。例如，选择小口径的白酒杯或小巧的葡萄酒杯，这样每一次的饮用量都不会过多，从而避免快速饮酒。

搭配其他饮品交替饮用：在饮酒过程中，可以搭配一些其他饮品，如白开水、果汁等，交替饮用。这样既能增强饱腹感，减少饮酒量，又能减缓酒精的摄入速度。同时，其他饮品还可以起到稀释酒精浓度的作用，以减轻酒精对身体的刺激。例如，在喝白酒的间隙，喝一口白开水，不仅可以缓解口腔的干燥感，也能让我们更好地控制饮酒速度。

专注于交流，放慢饮酒节奏：在饮酒场合中，不要将注意力完全集中在喝酒上，而是要多与他人进行交流和互动，将饮酒作为交流的点缀，而不是主要目的。通过专注于谈话内容，我们可以自然而然地放慢饮酒的速度。例如，在与朋友聚会时，多倾听他人的故事和想法，分享自己的经历和感受，这样不仅可以增进彼此之间的感情，还能帮助我们控制饮酒速度。

设定饮酒时间与量的限制：给自己设定一个合理的饮酒时间限制，比如一定量的酒，它的饮用时长不少于两小时。这样可以让我们在饮酒过程中有意识地控制饮酒速度，以免在短时间内过量饮酒。同时，设定饮酒时间与量的限制还可以让我们更好地安排之后的活动，避免因饮酒而影响正常的工作和生活。

把控饮酒速度对于我们的身体健康和饮酒体验都有着重要的意义。我们应该充分认识到其重要性，合理控制饮酒速度，享受健康、愉悦的饮酒时光。

情绪状态对饮酒的影响

在日常生活中，酒常常与人们的情绪状态紧密相连。无论是开心愉悦时的欢饮庆祝，还是忧愁烦闷时的借酒消愁，情绪似乎总能成为饮酒的一个重要诱因。然而，在不同的情绪状态下饮酒，对我们的身体和心理所产生的影响是截然不同的。深入了解情绪状态对饮酒的影响，有助于我们更加科学、健康地对待饮酒行为，避免因不当饮酒而对自身造成损害。

一、积极情绪状态下饮酒的表现与影响

当人们处于积极的情绪状态，如喜悦、兴奋、幸福等时，饮酒往往被视为一种庆祝和分享快乐的方式。在这种情绪驱动下，人们通常会更愿意参与社交性的饮酒活动，如聚会、庆典等。此时，饮酒的氛围轻松愉快，人们的饮酒速度可能相对较慢，并且会更加注重饮酒过程中的交流和互动。例如，在一

场婚礼上，新人与亲朋好友们共同举杯，庆祝这一幸福的时刻。大家会一边聊天，一边慢慢地品尝美酒，沉浸在欢乐的氛围中。

从身体方面来看，积极情绪状态下的适度饮酒，在一定程度上对身体有益。轻松愉悦的心情有助于身体放松，能够促进血液循环，使酒精的代谢过程相对平稳。而且，在这种情况下，人们更容易控制饮酒量，不会过度饮酒，从而减少了酒精对身体器官的损害。从心理角度而言，积极情绪与饮酒的结合能够进一步强化愉悦感，增强社交体验，让人们感受到与他人的紧密联系，从而提升幸福感和满足感。不过，即使是在积极情绪状态下，也不能忽视过量饮酒的危害。如果在兴奋情绪的驱使下失去节制而过量饮酒，同样会对身体造成损害，如引发肝脏疾病、心血管疾病等。

二、消极情绪状态下饮酒的表现与影响

当人们陷入消极情绪，如焦虑、抑郁、悲伤等时，饮酒往往被当作一种逃避和缓解情绪的手段。在这种情况下，人们的饮酒行为通常具有较强的目的性和冲动性。他们可能会独自饮酒，且饮酒速度较快，试图通过酒精的麻醉作用来帮助自己暂

时忘却烦恼。例如，有些人因在工作中遭遇挫折而心情低落时，会选择下班后独自去酒吧，一杯接一杯地喝酒，希望借酒来达到消愁的目的。

消极情绪状态下的饮酒对身体的危害更为严重。首先，负面情绪会影响身体的正常代谢功能，使肝脏的酒精代谢能力下降。此时饮酒，酒精及其代谢产物更容易在体内堆积，从而加重肝脏、胃肠道等器官的负担，增加患上各种疾病的风险。其次，酒精虽然能在短期内产生麻醉效果，让人的情绪得到缓解，但这种效果只是暂时的。一旦酒精的作用消失，消极情绪不仅不会真正消失，反而可能会因为酒精对神经系统的影响而变得更加严重。长期在消极情绪下饮酒，还可能导致酒精依赖，从而形成恶性循环，进一步损害心理健康。研究表明，长期借酒消愁的人更容易患上抑郁症、焦虑症等精神疾病，而且治疗难度也会增加。

三、情绪状态影响饮酒的内在机制

（一）神经生物学机制

情绪状态会影响大脑中神经递质的分泌和释放。当人们处于积极情绪时，大脑会分泌多巴胺等神经递质，这些物质能给人带来愉悦感和满足感。饮酒时，酒精也会刺激大脑分泌多巴胺，与积极情绪产生协同作用，进一步强化愉悦体验。而在消极情绪状态下，大脑中血清素等神经递质的水平会下降，导致情绪低落。人们希望通过酒精来调节神经递质的平衡，缓解负面情绪，但这种调节方式往往是短暂且不健康的，反而可能破坏神经递质系统的正常功能。

（二）心理认知机制

从心理认知角度来看，当人们处于消极情绪时，其认知能力会受到影响，更容易出现冲动行为和决策偏差。他们可能会高估酒精对情绪的缓解作用，而低估酒精对身体和心理的危害。同时，在消极情绪的影响下，人们的自我控制能力也会下降，难以控制饮酒量，从而导致过度饮酒。

四、如何正确应对情绪与饮酒的关系

当出现情绪波动时，我们要勇敢地正视自己的情绪问题，而不是一味地借助酒精来逃避。可以通过与亲朋好友倾诉、运动、听音乐、阅读等方式来合理地宣泄情绪，寻求积极的解决办法。

无论处于何种情绪状态，我们都要树立健康的饮酒观念，培养良好的饮酒习惯，严格控制饮酒量，避免过度饮酒。同时，我们也要选择合适的饮酒场合和方式，将饮酒作为一种享受生活的方式，而不是解决问题的手段。

如果发现自己在消极情绪下频繁饮酒，且无法控制饮酒行为，或者已经出现了酒精依赖的症状时，应及时寻求心理咨询师或医生的帮助。他们会通过专业的方法和手段，来帮助我们解决情绪问题，摆脱酒精依赖，恢复身心健康。

情绪状态对饮酒有着很大的影响。我们要充分认识到不同情绪状态下饮酒的特点和危害，正确应对情绪与饮酒的关系，保持健康的生活方式。

第五章

流动的酒文化

你不知道的那些酒中豪杰

一、“酒圣”：杜康

说起酒中的名人，肯定不能绕过“酒圣”杜康。杜康是否确有其人，很难考证，但有关杜康造酒的传说能有一箩筐。

传说杜康是黄帝时期的大臣，负责管理粮食。一日，他发现许多动物倒在之前藏有粮食的枯树前面，于是上前观察，发现树洞的裂缝中有如水一样的液体渗出，并散发着阵阵清香。杜康尝了尝，发现那液体味道辛辣却有回甘，让人感觉神清气爽。杜康发现这神奇的液体是由储存的粮食经过奇妙的变化而产生的，十分开心。他把这些液体装好带回家，献给了黄帝。因当天是酉日，黄帝便将其命名为“酒”。

另一种有意思的说法是杜康在梦中得高人指点，传授其酿酒之术，但若要酿出世间最美味的饮品，还须在九日之内将三滴不同人的血滴入其中。于是杜康依照梦中高人所说的，在路上等待有缘人。第一日，无人经过；第二日，还是无人；到了第三日，一位文质彬彬的读书人经过，于是杜康与他吟诗作对，求得了他的一滴血。第六日又遇到了一位身材魁梧的武将，杜康向他说明缘由后，又得到了一滴血。到了第九日，杜康等来等去，只等到了一位呆傻之人，无奈九日之期已到，也没有别的选择，只能取其一滴血滴入。待三滴血都滴入后，香气扑鼻，饮之飘飘欲仙，杜康为其取名“酒”。因此，后世之人认为酒意渐浓时，人们或诗兴大发，或咬文嚼字，说明是文人那滴血起作用了；再喝几杯，渐渐上头，就开始施展拳脚、手舞足蹈，应该就是武将的那滴血发挥了作用；再往后喝，就疯疯癫癫，狂妄自大，不知天地为何物了，这时候，便是那痴傻之人的血在起作用。

“杜康造酒刘伶醉，醉倒刘伶整三年”，这说的是杜康造酒醉刘伶的故事。传说刘伶路过杜康造酒的地方，在酒庄门前看见一副对联“猛虎一杯山中醉，蛟龙两盅海底眠”，横批“不醉三年不要钱”。刘伶心生不服，于是步入酒馆，连喝三杯，随即醉倒归家，一连几天不省人事，家人以为他死了，于是将他埋葬。三年后，杜康上门索取酒资，刘伶的妻子怒气冲冲地斥责他，向杜康讨要说法，杜康不慌不忙地挖开坟墓，醉死三年的刘伶竟然“诈尸”，从坟墓中坐了起来。醒来后的刘伶面色红润，好似大睡了一场，跟没事人一样，一边伸懒腰一边说道：“好酒！”后来，“杜康美酒，一醉三年”的美名就传遍天下了。

二、“古代第一酒鬼”：刘伶

说到杜康造酒醉刘伶的故事，就不得不说一说这位“古代第一酒鬼”的逸事了。从这些故事中，我们不难看出刘伶是一个名副其实的好酒之人。

刘伶其人，是西晋时期的文学家，有个响当当的名号——“竹林七贤”之一。又以嗜酒不羁而闻名，于是有了另一个称号——“醉侯”，也被称为“古代第一酒鬼”。要说他嗜酒排第一，恐怕无人敢排第二。相传，他时常驾着载有美酒的鹿车，边走边饮，还让仆人带着铁锹随行，声称若是自己醉死了，死在哪儿就埋在哪儿。因为沉迷于酒，刘伶时常喝得烂醉，并与人发生争执，当对方想揍他时，他却幽默地称自己瘦得像鸡肋，有什么可打的。妻子劝他戒酒，他却让妻子准备美酒佳肴，说要举行什么戒酒仪式，向鬼神祈祷戒酒，真是让人哭笑不得。刘伶饮酒还有个毛病，就是喜欢赤身裸体，他时常在家中脱掉衣服，裸着身体喝酒，知道的人讥笑他放浪形骸，有失体统，他却醉眼蒙眬地回道："我以天地为栋宇，屋室为裈衣，诸君何为入我裈中？"

虽然后人戏称刘伶为"古代第一酒鬼"，但世人很羡慕他这种放荡不羁、悠然自得的生活。魏晋时期，社会动荡不安，秩序混乱，门阀世家占据主导地位，他们拥有大量的财富和至高无上的权力，左右朝政，以致很多有志之士成了他们权力斗争的牺牲品。刘伶借酒避世，也是那个时期文人远离政治旋涡的一种不得已的做法。他的作品《酒德颂》看似写酒，实则借酒德来表达自己对腐朽陈旧的礼仪法度的讽刺。

三、"酒中八仙人"之一：贺知章

杜甫在《饮中八仙歌》里描绘了贺知章醉酒后憨态可掬的情态："知章骑马似乘船，眼花落井水底眠。"诗中说贺知章喝醉后骑马像乘船一样摇摇晃晃，甚至落入井中也能安然入睡。这说明他的酒品还是很好的，喝完酒不仅不耍酒疯，还能以天为被，以地为席，安然入睡。然而，饮酒之后的安全问题也不容忽视，随性自在固然重要，但"随地大小睡"绝非明智之举。无论何时何地，我们都应将生命健康置于首位。

上述故事表现了贺知章醉酒后的情态，若论对酒的热爱，还得提及他与李白之间的一段“佳话”。他与李白相见恨晚，一起喝酒时，发现没带酒钱，就毫不犹豫地解下身上所佩戴的金龟（唐代官员的一种配饰）来换酒，其爱酒之情、豪放之性，可见一斑。

四、“酒中仙”：李白

若要为酒选定一位古代的代表人物，李白定是那不二人选。李白，诗中有酒，酒中有诗，“李白一斗诗百篇”，“酒仙”与“诗仙”的结合体究竟有多强大，杜甫已经向我们展示了这一点。如果还不够，那么就要搬出《唐诗三百首》了，“呼儿将出换美酒，与尔同销万古愁”“人生得意须尽欢，莫使金樽空对月”“天生我材必有用，千金散尽还复来”“但使主人能醉客，不知何处是他乡”“举杯邀明月，对影成三人”“兰陵美酒郁金香，玉碗盛来琥珀光”……酒过三巡，诗兴大发的李白留下了太多脍炙人口的诗句，让人神往。

醉酒后的李白不光创作了不少诗作，还留下了不少“名场面”，其中最有名的传说当数让杨国忠给他磨墨，让高力士帮他脱靴。虽然他的行为令这些权贵怀恨在心，日后少不了给他使绊子，但素来放荡不羁、不畏权贵的李白毫不在意，即便后来遭遇贬谪，生活困顿，李白依然保持着那份豁达与洒脱。他寄情山水，以诗以酒会友，将满腔的豪情壮志化作一行行流传千古的佳句。

五、闺中独酌：李清照

历史上的李清照也是一位爱喝酒的词人，她的词中常常出现与酒有关的情景。“常记溪亭日暮，沉醉不知归路。兴尽晚回舟，误入藕花深处。争渡，争渡，惊起一滩鸥鹭”写她在溪亭边游玩，醉后找不到归路，于是误闯入藕花深处的情景，将她少女时代的天真活泼描写得生动形象。“昨夜雨疏风骤，浓睡不消残酒。试问卷帘人，却道海棠依旧。知否？知否？应是绿肥红瘦”写她夜晚目睹风雨骤起，小酌了几杯酒，待到日出时分，被卷帘的侍女意外唤醒，于是关心起院子里的海棠，是否被昨夜的风雨打落，其少女心思，细腻无比。“东篱把酒黄昏后，有暗香盈袖。莫道不销魂，帘卷西风，人比黄花瘦”写她独自一人，赏菊饮酒，只能借酒抒情，寄托相思。

与酒有关的诗词

古往今来，酒与诗总是相辅相成，酒是诗文的催化剂，在诗文中，酒又被赋予了独特的象征意义。三杯两盏淡酒，饮的是诗人心中的苦闷；对酒当歌，歌的是诗人的壮志未酬。所谓诗中一滴酒，能销万古愁，它既是诗人逃避现实、寻求精神慰藉的工具，又是诗人表达豪情壮志、抒发内心情感的载体。多少诗人在酒后留下了传世佳作，又有多少与酒有关的诗词成为经典。

一、送别类

劝君更尽一杯酒，西出阳关无故人。——王维《送元二使安西》

风吹柳花满店香，吴姬压酒劝客尝。——李白《金陵酒肆留别》

日暮酒醒人已远，满天风雨下西楼。——许浑《谢亭送别》

中军置酒饮归客，胡琴琵琶与羌笛。——岑参《白雪歌送武判官归京》

今日送君须尽醉，明朝相忆路漫漫。——贾至《送李侍郎赴常州》

多情却似总无情，唯觉樽前笑不成。——杜牧《赠别》（其二）

为别莫辞金盏酒，入朝须近玉炉烟。——晏殊《浣溪沙》（湖上西风急暮蝉）

别时不似见时情。今夜月明江上酒初醒。——黄庭坚《南歌子》（槐绿低窗暗）

都门帐饮无绪，留恋处，兰舟催发。——柳永《雨霖铃》（寒蝉凄切）

留人不住，醉解兰舟去。——晏几道《清平乐》（留人不住）

晴烟漠漠柳毵毵，不那离情酒半酣。——韦庄《古离别》

一瓶离别酒，未尽即言行。——贾岛《送耿处士》

一壶浊酒尽余欢，今宵别梦寒。——李叔同《送别》

二、思乡类

浊酒一杯家万里，燕然未勒归无计。——范仲淹《渔家傲·秋思》

明月楼高休独倚，酒入愁肠，化作相思泪。——范仲淹《苏幕遮·怀旧》

酒已都醒，如何消夜永！——周邦彦《关河令》(秋阴时晴渐向暝)

他乡共酌金花酒，万里同悲鸿雁天。——卢照邻《九月九日登玄武山》

强欲登高去，无人送酒来。——岑参《行军九日思长安故园》

三、怀人类

何时一樽酒，重与细论文。——杜甫《春日忆李白》

浮生只合尊前老，雪满长安道。——舒亶《虞美人·寄公度》

好花如故人，一笑杯自空。——陆游《对酒》

莫许杯深琥珀浓，未成沉醉意先融。——李清照《浣溪

沙》（莫许杯深琥珀浓）

东篱把酒黄昏后，有暗香盈袖。——李清照《醉花阴》（薄雾浓云愁永昼）

梦后楼台高锁，酒醒帘幕低垂。——晏几道《临江仙》（梦后楼台高锁）

桃李春风一杯酒，江湖夜雨十年灯。——黄庭坚《寄黄几复》

被酒莫惊春睡重，赌书消得泼茶香。当时只道是寻常。——纳兰性德《浣溪沙》（谁念西风独自凉）

四、抒怀类

人生得意须尽欢，莫使金樽空对月。——李白《将进酒》

醒时同交欢，醉后各分散。——李白《月下独酌四首》（其一）

艰难苦恨繁霜鬓，潦倒新停浊酒杯。——杜甫《登高》

明月几时有？把酒问青天。——苏轼《水调歌头》（明月几时有）

忽与一樽酒，日夕欢相持。——陶渊明《饮酒》（其一）

何以称我情？浊酒且自陶。——陶渊明《己酉岁九月

九日》

遇酒且呵呵，人生能几何。——韦庄《菩萨蛮》(劝君今夜须沉醉)

一生大笑能几回，斗酒相逢须醉倒。——岑参《凉州馆中与诸判官夜集》

对酒当歌，人生几何！譬如朝露，去日苦多。慨当以慷，忧思难忘。何以解忧，唯有杜康。——曹操《短歌行》

今朝有酒今朝醉，明日愁来明日愁。——罗隐《自遣》

人生有酒须当醉，一滴何曾到九泉。——高翥《清明日对酒》

不惜千金买宝刀，貂裘换酒也堪豪。——秋瑾《对酒》

五、其他

晚来天欲雪，能饮一杯无？——白居易《问刘十九》

酒债寻常行处有，人生七十古来稀。——杜甫《曲江二首》(其二)

烟笼寒水月笼沙，夜泊秦淮近酒家。——杜牧《泊秦淮》

借问酒家何处有？牧童遥指杏花村。——杜牧《清明》

行酒令

行酒令是旧时饮酒时的一种助兴游戏，一人为令官，其余人听令轮流对诗词或联语等，违令或输了的人罚酒。四大名著之一的《红楼梦》中就多次描写宴会上众人行酒令的场景。

在第二十八回中，贾宝玉和冯紫英、蒋玉菡等人行酒令，采用了“女儿令”，既要说“悲、愁、喜、乐”四个字，又要解释其缘由，酒面要唱时兴的曲子，酒底要用与酒席上的一样东西有关的古诗、旧对等，规则复杂，难度较高，适合通晓诗书的读书人。

第四十回刘姥姥进大观园时，贾母宴请刘姥姥，众人在席上行的令叫作“牙牌令”，鸳鸯当令官。她取出三张牌，说第一张牌的名称、点数，行令者按照要求说出一句诗或词与之匹配，随后再对第二张、第三张，说完后再合成一副儿的名字。贾母的第一张牌，“左边是张‘天’”，贾母对“头上有青天”；第二张牌，“当中是个‘五与六’”，贾母对“六桥梅花香彻骨”；第三张牌，“剩得一张‘六与幺’”，贾母对“一轮红日出云霄”；最后“凑成便是个‘蓬头鬼’”，贾母对“这鬼抱住钟馗腿”。黛玉则以“良辰美景奈何天”“纱窗也没有红娘报”“双瞻玉座引朝仪”“仙杖香挑芍药花”分别应对“左边一个‘天’”“中间‘锦屏’颜色俏”“剩了‘二六’八点齐”“凑成‘篮子’好采花”。轮到刘姥姥时，鸳鸯说“左边‘四四’是个人”“中间‘三四’绿配红”“右边‘幺四’真好看”“凑成便是一枝花”，她对“是个庄家人”“大火烧了毛毛虫”“一个萝卜一头蒜”“花儿落了结个大倭瓜”。众人的令对得丰富多样，既体现了自己的性格和文化素养，又能看出各自的生活经历和身份地位，但“牙牌令”人人可对，可俗可雅，雅俗共赏。

除了红楼梦中的“女儿令”“牙牌令”等，行酒令还有其他丰富多彩的形式内容。大概可以分为两类，一类是雅令，另一类是通令。

雅令又包含对诗、联句、拆字、猜谜等。

对诗是古代文人墨客在酒席宴会上最喜闻乐见的行酒令方式。它要求参与者不仅要有一定的诗词功底、文学素养，还要能快速反应，有一定的创作能力，这对于饱读诗书的文人们来说也算是一展身手的好时机。对诗最基本的要求就是符合韵律，对仗工整，且中心思想一致。进阶版则要求更多，比如有限定字、限定词，或者规定引用古诗旧词。规矩由人定，遵守最基本的规则，出题者可根据当场的情况进行“加码”，以增加游戏难度和趣味。如：

◇“大漠孤烟直”对“长河落日圆”。

◇“小时不识月，呼作白玉盘”对“举杯邀明月，对影成三人”“床前明月光，疑是地上霜”“长安一片月，万户捣衣声”。（规定以“月”字为令）

◇“桃花潭水深千尺，不及汪伦送我情”对“竹外桃花三两枝，春江水暖鸭先知”“去年今日此门中，人面桃花相映红”“接天莲叶无穷碧，映日荷花别样红”“忽如一夜春风来，千树万树梨花开”。（规定以“花”字为令）

◇“一片冰心在玉壶”对“二月春风似剪刀”，再对“三顾频烦天下计”，接着对“四方骚乱六州安”，接“五岳归来不看山”，接“六军不发无奈何”，接“七月七日长生殿”，接“八月秋高风怒号”，接“九曲黄河万里沙”，接“十年生死两茫茫”。（规定从一到十依次吟诗）

联句，指众人依次接续诗句，共同完成一首诗。通常由一个人起头，给出第一句诗，然后其他人依次添加一句，使诗的内容连贯、完整，意境和谐。

拆字吟诗，要求前面两个句子要拆字，最后以一句古诗或古语作结，且末句要与前面所拆的字有关联。如：

◇明代学士陈询与同僚陈循、高谷在席间行酒令劝饮，陈循出令："轰（轟）字三个车，余、斗字成斜。车车车，远上寒山石径斜。"高谷对："品字三个口，水、酉字成酒。口口口，劝君更尽一杯酒。"陈询接着对："矗字三个直，黑、出字成黜。直直直，焉往而不三黜？"三人所对的句子既符合该令要求，又巧妙地抒发了内心情感。

嵌字联句，古有三位县令用这一酒令互谑，具体如下：

◇"两火为炎，此非盐酱之盐。既非盐酱之盐，如何添水便淡？"——无锡县令

◇"两日为昌，此非娼妓之娼。既非娼妓之娼，如何开口便唱？——武进县令

◇"两土为圭，此非乌龟之龟。既非乌龟之龟，如何添卜成卦？"——宜兴县令

这几句令运用了谐音、拆字等方式，整个酒令的中心思想明确，既合令，又幽默诙谐，达到幽默的嘲讽的效果。

猜谜是我们最耳熟能详的东西了，元宵节时看花灯、猜灯谜，饮酒时也可以猜谜。出题者给出谜面，其他人猜谜底。谜面可以是诗词、典故或文字描述。如：

◇ 解落三秋叶，能开二月花。过江千尺浪，入竹万竿斜。【风】

◇ 远看山有色，近听水无声。春去花还在，人来鸟不惊。【画】

◇ 红口袋，绿口袋，有人害怕有人爱。【辣椒】

◇ 有面没有口，有脚没有手，虽有四只脚，自己不会走。【桌子】

◇ 千条线，万条线，掉到水里看不见。【雨】

◇ 一口咬掉牛尾巴。【告】

通令则是一种比较通俗、简单有趣的酒令，比如我们常见的划拳，以及古代常见的投壶，都是通令的常见形式。

划拳的规则比较简单，一般是两两相对，两人同时出手，口中喊出一个1～10之间的数字和一个代表数字的词语。两人伸出手指的总数如果与其中一人喊出的数字相同，那么这个人就算赢。例如，一人喊“三星高照，六”，同时伸出三根手指，对方也伸出了三根手指，这时，两人的总数为六，则喊“六”的人就赢了，如果没有人喊“六”则游戏继续。

常见的划拳数字口令：

◇ 一：一心敬你/一定恭喜/点一元
◇ 二：哥俩儿好啊/两家好啊
◇ 三：三星照/三元三/三结义
◇ 四：四季财/四季红/四喜财
◇ 五：五魁首
◇ 六：六六顺/六位高升
◇ 七：七个巧/巧七道
◇ 八：八匹马/八仙座
◇ 九：九连环/酒你喝/快喝酒
◇ 十：满堂红/全来到

酒桌游戏

酒桌游戏是社交场合的重要元素，它不仅能够活跃气氛，还能增进参与者之间的感情。从古至今，酒桌游戏始终是聚会娱乐的重要组成部分，体现了人们对社交互动的需求。

游戏集锦

1. 猜数字

由一人在心里想一个1～100之间的数字，其他人轮流说一个在这个范围内的数字，每说一次，出题者都要根据说出的数字缩小范围，直到有人说中，说中的人接受惩罚，一般是喝一杯酒，然后由说中的人来想下一个数字，接着继续游戏。

2. 逛三园

参与者围坐一圈，第一个人说“星期天，逛三园”，第二个人问“什么园”，第一个人答“水果园”（也可以是蔬菜园、动物园等），之后从第二个人开始依次说出水果园里的一种水果，不能重复，5秒内答不上来或者重复者喝酒，然后从出错者开始重新说“星期天，逛三园”，以开启新一轮游戏。

3. 十五二十

两人同时伸出双手，手只能握拳或摊开，分别代表0和5，双方一边喊出数字，一边出手，所喊数字必须是双方伸出手指相加的总和，喊对者为赢，输者喝酒。如果都没喊对，则继续进行。

4. 谁是卧底

游戏前准备一些相近的词语，如“橙子”和“橘子”，给每位参与者发一张词语卡片，其中有1～2个人拿到的是不同但相近的词语，即为卧底。每人依次用一句话描述自己拿到的词语，但不能直接说出词语中带有的字，描述完毕后大家投票选出认为是卧底的人，得票最多者出局。若卧底撑到最后一轮，则卧底获胜，其余人喝酒；若卧底被全部找出，则其他人获胜，卧底喝酒。

5. 逢七必过

参与者从1开始按顺序依次报数，当遇到数字是7或者7的倍数时，不能报出该数字，要喊“过”。如果有人报错或者反应慢了，就需要接受惩罚——喝酒，然后重新开始报数。

6. 官兵捉贼

准备四张纸条，分别写上“官”“兵”“捉”“贼”字样，折叠后打乱顺序，由参与者随机抽取。抽到“捉”的人要通过提问的方式找出“贼”，其他参与者只能回答“是”或“不是”。找到“贼”后，“贼”喝酒；若找错，“捉”喝酒。之后由“官”决定“兵”如何惩罚喝酒的人。

7. 逛超市

第一个人说“我去超市买苹果”，第二个人重复前一个人的话，然后再加上自己要买的东西，如“我去超市买苹果、香蕉”，后面的人以此类推，重复前面的内容并添加新物品，谁要是说错或忘记了，就需要喝酒。

8. 猜牙签

取一把牙签，参与者先猜测牙签的数量，猜完后，主持人公布牙签的实际数量，最接近实际数量的人获胜，其他人喝酒。如果有两人或多人猜测的数量与实际数量的差值相同，则这几人再进行一轮猜测，直到决出胜负。

9. 虎棒鸡虫令

两人相对，用筷子敲桌面，同时喊出口令，即从“虎、棒、鸡、虫”中选一个字，虎吃鸡、鸡吃虫、虫蛀棒、棒打虎。喊出的口令相互克制，输者喝酒。例如，一人喊“虎”，另一人喊“鸡”，则喊“鸡”的人输。

10. 数青蛙

第一个人说“一只青蛙一张嘴，两只眼睛四条腿”，第二个人接着说“两只青蛙两张嘴，四只眼睛八条腿”，按照这样的规律依次往下说，谁要是说错或反应慢了，就需要罚酒。

11. 心口不一

参与者围坐成一圈，第一个人用手比一个数字（1～5），同时嘴里说出一个与手上不同的数字。接下来的人依次进行，一旦出现手口一致的情况，就要接受惩罚，然后重新开始。

12. 我有你没有

每个人轮流说出一件自己做过但其他人可能没做过的事情，比如“我有过一个人去国外旅行的经历”，如果其他人中也有做过这件事的，说话者就要喝酒；要是其他人都没做过，那其他人就要喝酒。

13. 国王游戏

准备与参与人数相同数量的纸条，一张纸条里写上“国王”字样，其他纸条里写上数字，由参与者随机抽取。抽到“国王”的人可以指定两个数字对应的人做一些有趣的事情，比如喝交杯酒、互相拥抱等，被指定的人要无条件执行，否则喝酒。

14. 猜词语

两人一组，一人用动作和语言描述词语，但不能说出词语中的任何一个字，另一人猜词语。在规定时间内猜对词语数量最多的组获胜，输的组喝酒。

15. 猜动作

一人抽取一张写有动作的卡片，如“模仿大猩猩走路”，然后表演给其他人看，其他人猜这个动作具体是什么意思，猜错的人喝酒。

16. 猜成语

一人心里想一个成语，然后用动作和表情表演出来，其他人猜这个成语，猜对的人继续想下一个成语，猜错的人喝酒。

17. 飞花令

参与者轮流说出含有特定字的诗句，如“月”字，说不出诗句或者超时的人喝酒。

18. 吹牛

每人手中有若干个骰子，大家同时摇骰子，然后从第一个人开始猜测所有人手中相同点数骰子的数量，后面的人可以质疑，也可以继续往下猜。如果有人质疑，就开盅验证，若猜测的数量大于实际数量，则猜测者喝酒；若猜测的数量小于或等于实际数量，则质疑者喝酒。

19. 开火车

参与者说出自己所在的地名，如“北京”，然后第一个人说“北京的火车就要开”，其他人问“往哪儿开”，第一个人说“往上海开”，上海的人接着说“上海的火车就要开”，依此类推，反应慢或者说错的人喝酒。

20. 猜帽子颜色

准备不同颜色的帽子，给参与者戴上，每个人都能看到其他人帽子的颜色，但看不到自己帽子的颜色。主持人给出一些关于帽子颜色的提示，参与者通过推理猜出自己帽子的颜色，猜错的人喝酒。

21. 默契大考验

两人一组，背对背站着，主持人给出一个词语，一个人用语言描述，另一个人猜。在规定时间内猜对词语数量最多的组获胜，输的组喝酒。

22. 颠三倒四

从第一个人开始说“1”，第二个人要说“2”，第三个人不能说“3”，而要说“4”，第四个人说“3”（因为“颠三倒四”），以此类推，需要注意的是，数到“7”时，第七个人不能说话，只能伸手指向上方，到“8”时，第八个人只能伸手指向下方（因为“七上八下”），第九个人不能说话也不可伸手，只能随机向一位游戏参与者眨眼，示意随意从以上步骤开始（例如：说出数字3）。说错或做错的人喝酒。

23. 猜歌名

播放一段歌曲的前奏，参与者抢答歌曲的名字，答对的人可以指定其他人喝酒，答错的人自己喝酒。

24. 猜电影名

一人描述一部电影的情节、角色等信息，其他人猜电影的名字，猜对的人继续描述下一部电影，猜错的人喝酒。

25. 猜谜游戏

一人心里想一种动物（也可以是植物、职业等），其他人通过提问的方式来猜测，提问者只能问答案是“是”或“不是”的问题，直到有人猜对，猜对的人想下一个，猜错的人喝酒。

酒桌游戏是社交互动的重要形式之一，它能够增进感情，活跃气氛。当然，在享受游戏乐趣的同时，我们也要注意礼仪与安全，让酒桌游戏成为增进友谊、丰富生活的美好体验。让我们用智慧和热情，创造更多有趣的酒桌游戏，为社交生活增添色彩。

酒文化的历史传承

一、起源与早期发展

酒的起源可以追溯到远古时期，它的诞生充满了偶然性与神秘。在原始社会，人们偶然发现果实或谷物自然发酵后会产生一种具有特殊香气和醉人效果的液体，这便是最初的酒。还有“猿猴酿酒”的传说，讲的是猿猴把采集的果实堆积在洞穴中，果实经过自然发酵而变成了酒。这种天然发酵的酒虽然口感粗糙，但开启了人类与酒的不解之缘。随着生产力的发展，人类逐渐掌握了酿酒技术。

在中国，早在新石器时代，就已经出现了用谷物酿酒的迹象。在龙山文化遗址中，出土了大量用以酿酒或饮酒的陶制酒器，这表明当时的酿酒技术已经有了一定的发展，酒在人们的生活中开始占据一席之地。

二、古代酒文化的繁荣

商周时期，酒在祭祀活动中扮演着重要的角色。人们认为酒是沟通天地神灵的媒介，可以通过向神灵敬献美酒，祈求风调雨顺、国泰民安。这一时期，人们的酿酒技术不断进步，酒的种类也日益丰富。周朝还设立了专门管理酒的官职，制定了严格的饮酒礼仪，酒文化逐渐与礼仪制度紧密结合。

到了秦汉时期，国家的统一和经济的繁荣为酒文化的发展提供了有利条件。西汉时期，“贰师将军”李广利征服大宛国后，葡萄和葡萄酒酿造技术也随之传入中原，丰富了中国酒的种类。汉代的饮酒之风盛行，不仅是王公贵族，平民百姓也常常举办酒宴，饮酒成为人们社交、娱乐的重要方式。

唐宋时期是中国酒文化发展的鼎盛时期。这一时期，诗歌创作达到了巅峰，许多文人墨客都与酒结下了不解之缘。李白一斗诗百篇，他的许多脍炙人口的诗篇都是在酒后创作的；杜甫、白居易等诗人也都留下了大量与酒有关的佳作。酒不仅激发了诗人的创作灵感，也成了他们表达情感、抒发胸怀的载体。同时，唐宋时期的酿酒工艺也有了很大的改进，出现了许多名酒，如重碧酒（荔枝绿）、姚子雪曲等。

明清时期，酒文化在民间得到了更广泛的传播。各种酒肆遍布城乡，饮酒成为人们日常生活中不可或缺的一部分。这一时期，酒的酿造技术更加成熟，酒的度数也有所提高。同时，酒令、酒曲等酒文化形式也更加丰富多样，成为人们饮酒时增添乐趣的重要方式。

三、酒文化在现代社会的传承与发展

在现代社会，酒文化依然在人们的生活中占据着重要地位。虽然饮酒的方式和场合发生了很大的变化，但酒作为社交、表达情感的媒介这一本质属性并没有改变。商务宴请、家庭聚会、朋友聚餐等场合都少不了酒的身影。同时，随着科技的进步和人们生活水平的提高，酒的种类和品质也得到了极大的丰富和提升。清酒、鸡尾酒等各种酒类纷纷进入中国市场，与中国传统的白酒、黄酒等共同构成了丰富多彩的酒文化。

在传承酒文化的过程中，人们也越来越注重酒的品质。许多酒厂开始采用传统与现代相结合的酿酒工艺，生产出更加优质、健康的酒产品。同时，人们也开始倡导文明饮酒、适量饮酒的理念，避免因过度饮酒而对身体造成损害。此外，酒文化的研究和传播也得到了重视，各种酒文化博物馆、酒文化节等活动的举办，让更多的人认识和了解了酒文化的历史和内涵。

四、酒文化的国际交流与影响

中国的酒文化不仅在国内有着深厚的底蕴和广泛的影响，也对世界酒文化的发展产生了重要的推动作用。早在古代，中国的酒就通过丝绸之路等贸易通道传播到了中亚、西亚和欧洲等地，受到了当地人民的喜爱。随着全球化的发展，中国的酒文化与世界其他国家的酒文化交流日益频繁。中国的白酒、黄酒等传统酒类逐渐走向世界舞台，在国际市场上赢得了越来越多的认可和赞誉。同时，国外的葡萄酒、啤酒等也不断传入中国，丰富了中国的酒文化内涵。这种国际酒文化的交流与融合，不仅加深了不同国家和地区之间的相互了解，也为世界酒文化的发展注入了新的活力。

中国古代酒礼

一、酒礼的起源与雏形

中国古代酒礼的起源可以追溯到原始社会的祭祀活动。在远古时代，人们对自然现象充满敬畏，认为世间万物皆有神灵主宰，酒作为一种神奇的饮品，香气独特且能使人精神愉悦，被视为天赐的灵物，是沟通神灵的绝佳媒介。人们将酒敬献于神灵面前，期望通过这种方式获取神灵的庇佑，这便是酒礼的最初萌芽。随着社会的发展，部落间逐渐形成了一些约定俗成的敬献酒的规矩和仪式，这些简单的规则虽然原始，却标志着酒礼开始走上历史舞台。

到了商周时期，酒礼正式形成并得到了系统的规范。周朝建立了完备的礼乐制度，将酒礼纳入其中，使其成为国家礼仪的重要组成部分。《周礼》中详细记载了负责管理酒的官职，如“酒正”“酒人”“浆人”等，他们各司其职，负责掌管酿酒、用酒的相关事务。此时的酒礼，从酒的酿造、储存，到祭祀、宴饮等场合的用酒规范，都有着严格的规定，不仅体现了古人对神灵和祖先的敬重，也反映了当时社会的等级制度和伦理秩序。

二、酒礼在不同场合的应用

（一）祭祀之礼

祭祀是古代最重要的活动之一，酒在祭祀仪式中占据着核心地位。在祭祀前，人们会精心准备酒品，选用上等的谷物或果实酿造美酒，以确保酒的品质上乘。祭祀时，主祭者会身着庄重的祭服，按照严格的程序将酒缓缓地洒在地上，或者敬献于祖先的牌位前，口中念念有词，向神灵和祖先表达敬意和祈求。这种用酒祭祀的方式，贯穿了整个中国古代社会，无论是皇家祭祀天地、社稷，还是民间祭祀祖先、神明，酒都是不可或缺的祭品。

（二）宴饮之礼

宴饮是酒礼在日常生活中的重要载体。在古代，无论是宫廷宴会、贵族聚会，还是民间的喜宴、寿宴，都有着严格的饮酒礼仪。在入座时，遵循长幼有序、尊卑有别的原则，地位高的人坐在上位，地位低的人坐在下位。开宴前，主人会先向宾客敬酒，称为“献”；宾客随即向主人回敬，称为“酢”；然后主人再自饮一杯，称为“酬”。如此三次，即酒过三巡。这一系列的敬酒环节体现了主人的热情好客和宾客的谦逊有礼。在饮酒过程中，人们要注意饮酒的速度和仪态，不能大声喧哗、举止失态，否则会被视为失礼。此外，酒令也是宴饮中不可或缺的一部分，它不仅能增添宴会的乐趣，还能规范饮酒的节奏和秩序。

（三）社交之礼

酒在古代的社交活动中也发挥着重要的作用。朋友之间相聚，常常会以酒为媒介，以增进彼此的感情。在拜访朋友时，携带一瓶美酒作为礼物是一种常见的社交礼仪。在饮酒时，人们会通过互相敬酒、祝酒等方式，来表达对对方的祝福和敬意。同时，酒也成了文人墨客交流思想、切磋技艺的催化剂，他们在饮酒赋诗、挥毫泼墨中，展现出高雅的情趣和深厚的文化底蕴。

三、酒礼的文化内涵与意义

酒礼作为中国礼乐文化的重要组成部分，蕴含着丰富的文化内涵和深刻的意义。首先，酒礼体现了古人对神灵和祖先的敬畏之情，通过祭祀用酒，人们表达了对天地自然的感恩和对祖先的缅怀，这种敬畏之心是中华优秀传统文化的核心与基石。其次，酒礼反映了当时社会的等级制度和伦理秩序，在不同场合的饮酒礼仪中，人们的地位和身份得到了明确的区分，这有助于维护社会的稳定和谐。最后，酒礼还有助于培养人们的道德修养和行为规范，通过遵循饮酒礼仪，人们学会了尊重他人、谦逊有礼，这些品质对于个人的成长和社会的发展都具有重要的意义。

四、酒礼的演变与传承

随着时代的变迁，中国古代酒礼也在不断地演变和发展。到了唐宋时期，酒礼更加注重对文化内涵和艺术氛围的营造，文人墨客们在饮酒过程中，不仅注重饮酒的礼仪规范，还追求饮酒的情趣和意境，他们通过吟诗、作画、抚琴等方式，将酒礼与文化艺术完美地融合在一起。到了明清时期，酒礼在民间得到了更广泛的传播和普及，各种酒肆的兴起，使得饮酒成为人们日常生活中不可或缺的一部分。然而，随着近代社会的变革和西方文化的冲击，中国古代酒礼逐渐受到冷落，许多传统的饮酒礼仪和习俗逐渐失传。

尽管如此，中国古代酒礼作为中华优秀传统文化的瑰宝，仍然具有重要的价值和意义。在现代社会，我们应该重新审视和挖掘酒礼的文化内涵，取其精华，去其糟粕，将传统的酒礼与现代文明相结合，倡导文明饮酒、健康饮酒的理念，让酒礼在新时代焕发出新的活力。同时，我们也应该加强对酒礼文化的研究和保护，通过举办各种文化活动、学术研讨会等方式，来传承和弘扬这一优秀的传统文化。